UWE BIRNSTEIN

FOREVER YOUNG, BOB DYLAN!

Uwe Birnstein

Wie der Rock-Rebell
Gott sucht,
Eigensinn lebt und
den Frieden besingt

FOREVER YOUNG, BOB DYLAN!

VERLAG NEUE STADT MÜNCHEN · ZÜRICH · WIEN

Klimaneutral gedruckt. Weil jeder Beitrag zählt.

MIX Papier FSC® C083411

CPI klimaneutral
Mehr Bäume. Weniger CO₂

1. Auflage 2021

Umschlaggestaltung: Stefan Weigand (wunderlichundweigand.de)
und Neue-Stadt-Grafik
Satz: Neue-Stadt-Grafik
Druck und Bindung: CPI – Clausen & Bosse, Leck
ISBN 978-3-7346-1268-8

www.neuestadt.com

Inhalt

Prolog

Berlin, 29. Juni 1978: Da vorne stand eines meiner musikalischen Idole im Rampenlicht, sang „Blowin' in the Wind" – und wurde ausgebuht. Ich war sechzehn Jahre alt und verstand die Welt nicht mehr. Klar, die Songs hörten sich anders an als Anfang der Sechzigerjahre, als der schmächtige Newcomer Bob Dylan nur mit Klampfe und Mundharmonika die Menschen faszinierte. Jetzt stand der 37-Jährige mit krausem Haar und wie ein Popstar aus Las Vegas gekleidet auf der Bühne der Deutschlandhalle. Hinter ihm heizte eine elfköpfige Band ein. Wo früher die Mundharmonika wimmerte, kreischte nun herzzerreißend ein Saxofon. Wo früher Joan Baez lupenrein die zweite Stimme sang, legten jetzt drei Backgroundsängerinnen soulige Stimmwolken über Dylans nasale Reibeisenstimme. Aber warum deshalb buhen? Hatten die Menschen etwa erwartet, dass Dylan in Birkenstocksandalen die Bühne betritt, um ihnen ein paar unterstützende Worte zum Anti-AKW-Kampf, zur Friedensbewegung und zur Kreuzberger Hausbesetzerszene zu sagen? Warum schrien die Menschen denn enttäuscht herum, statt die neuen Arrangements seiner alten Lieder zu feiern, womöglich sogar zu tanzen? Hatten sie Dylans 1964 entstandenen Song „The Times They Are a-Changin'" immer nur mitgesungen, aber gar nicht verstanden? Am Ende des Berliner Konzerts sang er ihn, auch in einer Rockversion, fast wie ein Gospel hörte er sich an. Seit 1964 hatten sich die Zeiten in vielerlei Hinsicht sehr verändert. Aber die Menschen hier sperrten sich offensichtlich dagegen. Sie fühlten sich in ihrer Selbstgefälligkeit nicht von diesem Lied herausgefordert. Sie wollten „ihren" Bob Dylan genauso, wie er früher vermeintlich mal war: Mögen sich die Zeiten auch verändern – aber doch bitte nicht Bob Dylan!

Ich jedenfalls hatte meinen Spaß an diesem Sommerabend in Berlin, genoss Dylans Show und die Band. Zwei Stunden anspruchsvolle Rockmusik vom Feinsten. Großartig. Zu Hause würde ich seine Songs auf meiner Klampfe ja weiterhin wie immer spielen – aber nun mit erweitertem Horizont. Ich würde selbst auch Neues probieren: „Don't Think Twice" mit Reggae-Rhythmus. „Blowin' in the Wind" nicht mehr so pathetisch protestierend, sondern irgendwie poppiger. Und „Like a Rolling Stone" mit weniger Geschrummel und mehr Rock-Riffs. Das sollte doch auch auf meiner Ibanez-Westerngitarre gehen, die ich mir zur Konfirmation gegönnt hatte und die viele der Dylan-Songs schon kannte: „Mr. Tambourine Man", „Hurricane", „It ain't me, Babe" und „Maggie's Farm".

Ein Zitat aus diesem Lied stellte der Journalist Arnd F. Schirmer seinem Konzertbericht voran, der zwei Tage

Die Zeiten ändern sich

Bob Dylan in der Deutschlandhalle

I try my best to be just like I am, but everybody wants you to be just like

...mmen, fast
Songs und
New Yorker
e eine der
usiness an-
schon lange
nika-Halter
seinem zu

Wenn der bleiche, krausköpfige 37j
Robert Zimmerman aus Hibbing/Min
jetzt vor uns steht und mit seiner kom
Band und drei Gospelmädchen einen
stündigen Querschnitt durch sein e
Oeuvre abliefert, fällt es schwer, sich
zu halten, was konkret im Augenblick
Augen und Ohren sind nicht frei für
tuellen Act. Und das ist schade, we
tatsächlich ein unterhaltsames Progra
tet mit seinen eigenen Songs, die
noch nie zu hören waren. Der an
Reggae-Rhythmus von „Don't Thin
Reggae-Rhythmus von der „Original"-V

nach dem „Berliner Buh-Konzert" im „Tagesspiegel" erschien: *I try my best to be just like I am, but everybody wants you to be just like them* (*Ich habe mein Bestes gegeben, um so zu sein, wie ich bin – aber alle wollen nur, dass man so ist wie sie*). Der Journalist äußerte sich ebenfalls verwundert über das aggressive Publikum, das mit „gnadenlosen Pfiffen" für eine „beklemmende Atmosphäre" gesorgt habe. Mit seinem neuen Sound habe Dylan allen die Lehre erteilt, „dass Illusionen zwar eine feine Sache sind, dass die Realität ihnen aber immer wieder ein Bein stellt. Die klammheimliche Hoffnung, dass vielleicht doch aus dem merkwürdigen Wesen auf der Bühne der ‚alte', ‚unser' Dylan hervorkriechen könnte, ist ein Wunderglaube. Überhaupt: Wer ist überhaupt Bob Dylan?"

Eine gute Frage. Sie beschäftigte mich fortan. Und stellte sich neu, als ich wenig später Unglaubliches über ihn las, das nun auch mich verblüffte und verunsicherte: Dieser Mann, der gerne alle Erwartungen an sich abprallen ließ, bekannte sich neuerdings zu Jesus Christus!? Der Jude Bob Dylan sei zum christlichen Glauben konvertiert, hieß es. In seinen neuen Songs singe er nun von Erlösung und davon, dass allein Jesus die Menschen retten könne. Ich hatte als Jugendlicher den christlichen Glauben in seiner liberalen und offenen Weise kennen- und schätzen gelernt. Was es mit Gott auf sich hat, was wirklich in der Bibel steht und wer dieser Jesus von Nazareth war, dem wollte ich nachgehen. Inzwischen studierte ich Theologie. Dort erhoffte ich mir kluge, differenzierte und angemessene Antworten auf meine Fragen. Und nun las ich, dass ausgerechnet der freiheitsliebende Bob Dylan sich von den simplen Antworten und der spirituellen Übergriffigkeit fundamentalistischer US-Christen hatte vereinnahmen lassen. Oh my God.

Und tatsächlich erschienen bald Langspielplatten mit frommen Liedern á la Dylan: „Slow Train", „Saved", „Shot of Love". Im Sommer 1981 wurde ich Zeuge dieser unglaublichen Wandlung vom Protestsänger zum wiedergeborenen Christen. Dylan live im Freilichttheater Bad Segeberg. Anders als drei Jahre zuvor spielte er „The Times They Are a-Changin'" nicht am Ende, sondern zu Beginn des Konzerts – so als wolle er das Publikum einschwören auf die neueste Veränderung. Schon der zweite Song gab einen Eindruck von der Wandlung: „Gotta Serve Somebody": *Irgendjemandem musst du dienen, es mag der Teufel oder der Herr sein.* Weitere glaubensbekenntnisartige Lieder folgten und gipfelten im Song „Jesus Is The One". Frommer geht nimmer. Aber eigentlich ganz cool, diese Art von Gospelrock. Und dass der Rock-Rebell im Rampenlicht sich vorschreiben lässt, wie er christlich zu leben habe, war eigentlich unvorstellbar.

Kurz darauf endete Dylans Ausflug in die Welt der (str)engen Missionare denn auch schon wieder. Es wirkte, als schüttele er sich kurz und komme wieder auf den Boden der Wirklichkeit zurück. Großartige, tiefsinnige Langspielplatten erschienen, auf denen er mit dem Zeitgeist und der bleibenden Ungerechtigkeit, mit sich selbst und auch mit Gott ins Gericht ging. In einem SPIEGEL-Interview beteuerte er dennoch: „Ich bin mir sicher, dass es einen großen göttlichen Sinn hinter allem gibt." Auch den Reichtum der biblischen Geschichten ließ er weiter in seine Songs einfließen und verwob sie mit seinen Lebensthemen zu musikpoetischen Collagen, die so vielschichtig und genial sind, dass sie im Jahr 2016 sogar das Nobelpreiskomitee überzeugten. Viele in der Fachwelt rümpften empört die Nase: Ein Sänger soll den Literaturnobelpreis bekommen?! Ich frohlockte mit den Dylan-Kennern und freute mich über diese mutige und – wie auch ich fand – überfällige Entscheidung: Endlich wurde Dylan nicht nur als Musiker gewürdigt, sondern auch als Poet. Für Zeilen, die sich ins kulturelle Gedächtnis mehr als einer Generation eingebrannt haben. Viele davon stammen aus dem Schatz der Bibel.

„I Contain Multitudes", singt Cohen auf seiner aktuellen CD. „Ich enthalte Vielheiten", lässt sich das in etwa übersetzen. Das wirkt, als wolle er seinen Fans noch mal klipp und klar erklären: Den Bob Dylan, den sie sich zurechtgezimmert und -geträumt haben, den gibt es so nicht. „I'm just like Anne Frank, like Indiana Jones / And them British bad boys, The Rolling Stones", singt er. Das muss man erst mal schaffen: Die Grausamkeit der Nazi-Gewaltherrschaft mit hollywoodesker Erlösungs-Action und urwüchsiger Rockmusik in einem Atemzug zu nennen, ohne oberflächlich zu werden.

Jahrelang beobachtete ich Bob Dylan aus der Ferne. Nicht nur, weil mich viele seiner Lieder beim Hören oder Selbst-Spielen berührten. Auch, weil mir die Trennung zwischen fromm und weltlich, zwischen gläubig und nichtgläubig, irdisch und himmlisch schon lange nicht mehr einleuchtete. Wer sich lauthals als Christ bezeichnet, nutzt den Begriff oft eher als Kampfbegriff denn als spirituelle Selbstbeschreibung. Eine Aufteilung der Welt in gut und böse, hell und dunkel, gläubig und nichtgläubig, heilig und profan bringt jedoch weder wirkliche Erkenntnis, noch wird sie der vielfältigen Wirklichkeit gerecht. Bob Dylans Lyrik zollt der vom Heiligen Geist durchtränkten Realität ihren Tribut. Sie ist ein wundervolles Mittel, die Sinnfrage fantasievoll subversiv statt in festgefahrenen theologischen, philosophischen oder anderen Bahnen anzugehen. Dylan gibt nichts vor. Er öffnet Horizonte. Er bietet mit seinen Songs unzählige Inspirationen, um dem Sinn und sich selbst näherzukommen.

Dazu gehören auch die Fragen: Welche Rolle spielt der Glaube in meinem Leben? Wie verknüpfe ich die Aussagen der Bibel mit meinem Lebensalltag? Was bedeuten für mich Gnade und Erlösung, die Angst vor der Apokalypse und das Vertrauen in die Zusage Gottes, dass er mir stets *Shelter from the Storm* gibt – *Schutz vor den Stürmen* des Lebens? Wie gehen eigentlich Liebe zu Gott und die irdische Liebe zusammen? Wie bringe ich meine Sehnsucht nach einfachen Antworten in Balance mit der vielschichtigen und manchmal unfassbaren Realität? Mit welchen Gefühlen werde ich dereinst an die Himmelspforte klopfen – und werde ich eingelassen?

Welche Anregungen Bob Dylan im Blick auf den Glauben gibt, habe ich in diesem Buch zusammengetragen. Es ist weder eine Biografie noch ein Lehrbuch zum Thema: „Das glaubt Bob Dylan". Beides wäre anmaßend. Es versucht, die spirituelle Spur zu finden im Schaffen eines der prägendsten Musiker und Literaten unserer Zeit, dessen Eigensinn, Gedanken- und Gefühlswelt maßgeblich von der jüdisch-christlichen Tradition geprägt sind. Diese Spur führt über Höhen und durch Täler. Es ist die Glaubensgeschichte eines jüdischen Mannes, der den christlichen Glauben zunächst durch die Folkmusik gefiltert kennenlernt, auf seiner Suche nach Gott und Gewissheit dann wie im Durchlauferhitzer die moralisch enge, aber intensive evangelikale Spielart erlebt und schließlich zu einer weisen Altersfrömmigkeit findet, für die die Trennung in gläubig und nichtgläubig sinnlos wird.

Unter dieser Perspektive lässt sich auch die von vielen unverstandene oder belächelte Bekehrungsphase Dylans sinnvoll deuten, denn sie zeigt: Authentische, reife Spiritualität hat nicht unbedingt etwas mit Bekenntnislust und -drang zu tun, im Gegenteil: Der Glaube verliert je mehr an Tiefe und Weltbezug, je missionarischer und triumphalistischer er auftritt. In einem seiner letzten Interviews sagte er: „Glaube hat keinen Namen und keine Kategorie. Er ist schräg. Er ist unaussprechlich. Wir degradieren den Glauben, wenn wir über Religion reden."

Mit solchen Sätzen trifft sich die Erkenntnis des lebenserfahrenen Poeten erstaunlicherweise mit Erkenntnissen von Theologen. Zum Beispiel mit der von Dietrich Bonhoeffer, der sagte: „Jesus ruft nicht zu einer neuen Religion auf, sondern zum Glauben!" Eine gute Voraussetzung für einen fruchtbaren Dialog auf Augenhöhe zwischen Theologie und Popkultur.

Dieses Buch ist auch eine Hommage an Bob Dylan aus Anlass seines achtzigsten Geburtstags am 24. Mai 2021. Der letzte Satz in einem zauberhaften Kinderbuch aus der Reihe „Little People, BIG DREAMS" über ihn lautet: „Bis heute ist er einfach froh mit sich, weil er sagt, was er denkt, und machen kann, wovon er schon als kleiner Junge träumte: Musik." Möge das weiterhin so bleiben. Und möge er die Worte des wundervollen Liedes, das er für seine Kinder schrieb, auch als Segen für sich selbst annehmen: *May God bless and keep you always, may you stay forever young – Möge Gott dich segnen und beschützen, mögest du für immer jung bleiben.*

München, im April 2021
Uwe Birnstein

Bar-Mizwa, Folk und Jesus Christ

Wie aus Robert Zimmerman Bob Dylan wurde

1951. Sirenen schrillen. Im Klassenzimmer der Alice-Grundschule ist es totenstill. Bob Zimmerman, zehn Jahre alt, liegt wie seine Klassenkameraden unter dem Tisch, das Gesicht auf dem harten Boden. Auf den ersten Blick wirken sie alle wie tot.

Wieder einmal probt die Kleinstadt Hibbing den Ernstfall. Es könnte ja sein, dass die Russen Atombomben abwerfen – oder Fallschirmjäger. Und dass die „nun zu Monstern" werden und nichts Besseres zu tun haben, als allen Amerikanern „die Kehle durchzuschneiden und sie zu verbrennen". Auch die Menschen in Hibbing.

In den USA ist die Angst vor den Russen zu Beginn der 1950er-Jahre riesig und irrational. Die Kinder verstehen sie nicht. Auch Bob rätselt, „womit sie diese Leute so gegen" sich „aufgebracht" haben könnten. Er wundert sich umso mehr, weil seine Onkel ihm eigentlich ein ganz anderes Bild von den Russen vermittelt haben: Nur wenige Jahre zuvor haben sie mit ihnen Seite an Seite gegen das machthungrige Hitler-Deutschland gekämpft, das den Weltenbrand namens „Zweiter Weltkrieg" entfacht hatte. Sie alle waren heil aus fernen Ländern zurückgekehrt: von den „Philippinen und aus Sizilien, Nordafrika, Frankreich und Belgien". Und sie zeigten Bob die seltsamen Souvenirs, die sie mitgebracht hatten: „ein japanisches Zigarettenetui aus Stroh etwa, einen deutschen Brotbeutel, eine britische Emailletasse, eine deutsche Staubbrille". So seltsam wie ihre Mitbringsel kommt Bob auch das Verhalten der Kriegsveteranen vor: „Sie kehrten ins Zivilleben zurück, als wäre nichts gewesen, und ließen nie ein Wort darüber fallen, was sie getan oder gesehen hatten."

Maurice und Paul, zwei dieser Onkel, betreiben in Hibbing ein Elektrogeschäft. Sie haben Bobs Vater Abe Arbeit gegeben; er soll sich um den Laden kümmern, wenn die beiden auf Kundenbesuchen sind. Abe war wegen der Folgen einer Kinderlähmung ausgemustert worden und so vom Kriegsdienst verschont geblieben. Gott sei Dank. Jetzt verschlimmert sich sein Zustand allerdings. Und auch Bob bemerkt, wie tückisch Polio ist: „Die Krankheit bedeutete das Aus für all seine Träume", erzählt er später mit Blick auf seinen Vater.

Heimatstadt Duluth

Dabei war zunächst alles gut gelaufen in Duluth, der 120 Kilometer entfernt liegenden Industriestadt: Abe – eigentlich Abraham – hatte Beatty (Beatrice) kennengelernt und geheiratet. Am 24. Mai 1941, einem Schabbat, kommt ihr Sohn Robert Allen im *St. Mary Hospital* zur Welt. Nach

Hause in die *North 3rd Avenue* 519 sind es nur wenige Schritte. Dem Brauch entsprechend bekommt Robert auch einen jüdischen Namen: Shabtai Zisl ben Avraham. Der Junge wächst jüdisch auf, die Feiertage werden begangen, es wird koscher gegessen. Bob, so wird Robert genannt, besucht den Kindergarten. Inmitten der katholischen Gegend gehört Familie Zimmerman, wie die anderen jüdischen Familien, zur Minderheit. Zu den Verwandten besteht enger Kontakt: „Ständig kam die Verwandtschaft zusammen."

Lange lebt Bobs Familie jedoch noch nicht in Duluth. Anfang des Jahrhunderts waren seine Großeltern aus Litauen und aus der türkisch-armenischen Grenzregion über Odessa nach Minnesota ausgewandert. In Duluth, der kalten Industriestadt, sammelten sich damals Menschen aus vielen Nationen. Der Bergbau brauchte viele Arbeiter. Ende des vorangegangenen Jahrhunderts war hier die *Mesabi Iron Range* entdeckt worden, eines der größten Eisenerzvorkommen der USA.

Das Leben in Duluth ist rau. Die Stadt liegt am „Lake Superior", einem riesigen Binnensee, „den die Indianer *Gitche Gumee* nennen", weiß Bob. Der Himmel ist ständig schiefergrau, „es gibt nur zwei Jahreszeiten: feucht und kalt". Über die Stadt tönen „mysteriöse Nebelhörner und gnadenloses Heulen windet sich mit tückischen zehn Fuß hohen Wellen vom großen schwarzen mysteriösen See" hinauf. Auch sonst ist es laut in Duluth. Unentwegt rattern Passagierzüge und Gütertransporte durch die Stadt und entlang der Landstraßen. Sie bringen Menschen von einem Ort zum anderen und das abgebaute Erz aus den umliegenden Minen und dem Tagebau zum Hafen. Man kann nirgendwohin, „ohne ständig an Bahnübergängen warten zu müssen", bis die langen Züge vorbeigefahren sind. Das Geräusch der Züge prägt sich in Bobs Gedächtnis ein – so sehr, dass er sich sein ganzes Leben lang „beim Rattern ferner Züge mehr oder weniger zu Hause" fühlt: „Als ob es mir an nichts mangele, als ob ich auf der sicheren Seite sei, wo mir keine besondere Gefahr droht und sich alles ineinanderfügt."

Umzug nach Hibbing

1946 wird Bobs Bruder geboren, David Benjamin. In die Freude mischen sich Sorgen. Vater Abe hat seinen Job als leitender Angestellter bei der *Standard Oil* verloren. Die Krankheit fordert ihren Tribut. Familie Zimmerman droht die Armut. Der Ausweg: ein Umzug nach Hibbing, dort wohnen viele Verwandte. Die Zimmermans ziehen in das Haus der Großeltern, Ecke *7th Avenue West* und *Dupont Street*. Ein einfaches Holzhaus, erste Etage, Bob bekommt ein Zimmer mit Balkon.

Nun sieht er seine Großmutter Florence häufiger. Bob erlebt sie als „gutherzig und voller Würde". Einmal erklärt sie ihm, dass das Glück nicht irgendwo am Wegesrand liege; der Weg selbst sei das Glück. Er möge doch immer nett sein, rät sie ihm außerdem, denn jeder, dem man begegne, habe „seine eigenen Kämpfe auszutragen".

Mutter Beatty arbeitet im örtlichen Kaufhaus, die Großmutter mit Onkel Louis in einem Kleidungsgeschäft. Bob besucht die Grundschule und wird von den Lehrern unterrichtet, bei denen schon seine Mutter in der Schulbank saß. Hier erlebt er auch die gedrückte Stimmung und die irrationale Angst der Menschen vor einer russischen Invasion mit. „Ein Kind, das unter einer solchen Wolke der Furcht aufwachsen muss, verliert seinen Lebensmut", erklärt er später. „Sich vor einer nicht ganz realen Bedrohung zu fürchten, ist etwas anderes, als Angst zu haben, weil jemand eine Schrotflinte auf einen gerichtet hält."

Im neuen Zuhause findet Bob einen Plattenspieler und Langspielplatten. Das erste Lied, das er sich anhört, ist ein frommer Country-Song: „Drifting Too Far from the Shore". „Du kommst zu weit vom Ufer ab", mahnen die Monroe-Brothers und warnen vor Sturm, gefährlichen Tiefen und „lautlosen Gefahren". Sie haben eine Lösung: „Kehre um, bevor es zu spät ist!" Die bedrohliche Szenerie ist allerdings nur ein Bild für das menschliche Leben und mündet in den missionarischen Ruf: „Komm heute zu Jesus, lass ihn dir den Weg zeigen!" Der Plattenspieler und die Songs erlauben Bob einen ersten Einblick in verlockende Welten: in die der populären Musik – und in die des Glaubens. Wie merkwürdig, zumal für seine jüdischen Ohren, dass dieser Jesus hier als Allheilmittel angepriesen wird!

Stürmische See kennt Bob gut aus Duluth, da wohnten sie nur wenige hundert Meter vom *Lake Superior* entfernt. Ab und zu fährt er mit seinen Eltern auch jetzt noch dorthin, ein paar Tage verbringt er dann bei seiner anderen Großmutter. Einer „Lady von dunklem Typ", die „Pfeife rauchte", mit einem „grausigen Akzent" sprach und auf deren „Zügen ... sich ständig halbe Verzweiflung" abzeichnete. Sie hatte als Näherin gearbeitet und hat nur noch ein Bein. Trotzdem wohnt sie im oberen Stockwerk eines

Zweifamilienhauses. Aus dem Fenster kann Bob den vertrauten *Lake Superior* sehen, „unheilvoll und bedrohlich, in der Ferne" ziehen „Eisenfrachter und Schleppkähne vorbei, und von überallher" hört er die „Nebelhörner". Im Herbst 1948 besucht er mit seinen Eltern den *Leif Erickson Park* in Duluth, direkt am Ufer des Sees: Präsident Harry Truman hält hier eine Wahlkampfrede. Bob ist beeindruckt – er steht vor dem mächtigsten Mann Amerikas!

Lese-Erfahrungen

Bob wird älter, wechselt auf die *Grammar School*, mit dem Gymnasium vergleichbar. Hier kommt er in Kontakt mit der großen Welt des Geistes, der durch die Literatur weht. Klassiker der Weltliteratur stehen auf dem Lehrplan. Bob findet sich in einem fantasievollen Universum der Möglichkeiten wieder. Dichtung und Wahrheit liegen eng beieinander. Da reitet der „Ritter von tragischer Gestalt", Don Quijote, auf seinem klapprigen Gaul Rosinante durch die Landschaft und kämpft gegen Windmühlen. Mit Ritter Ivanhoe taucht Bob in die Zeit der Kreuzfahrer ein, erlebt Gewalt und unbezähmbare Leidenschaften, lernt seltsame Kleriker und geheimnisvolle Bünde kennen, muss Judenverfolgung und Hexerei-Ängste ertragen. Dann besucht er mit Gulliver das Land Liliput und das der Riesen. Auch in die Antike geht es, mit Odysseus segelt er übers Meer und übersteht viele spannende und mysteriöse Abenteuer. Die Bücher von Homer und Swift, von Scott und Cervantes eröffnen ihm „eine Art Blick aufs Leben, ein Verständnis für die menschliche Natur und einen gewissen Standard, um die Dinge zu bewerten". Am meisten imponiert ihm ein Roman des amerikanischen Schriftstellers Herman Melville: Ein verbitterter und grausamer Kapitän namens Ahab jagt in einem verzweifelten Rachefeldzug den weißen Pottwal Moby Dick, der ihm einst ein Bein abgerissen hat. Der Roman birgt unzählige Metaphern und mythische Themen, „viel Altes Testament" und „biblische Allegorien: Gabriel, Rahel, Jerobeam, Bildad, Elia". Gottgläubige treten auf, ebenso Heiden, die als Götzenanbeter kleine Wachsfiguren oder das Feuer verehren. Der Satz eines pazifistischen Pastors bleibt Bob bis ins Alter im Gedächtnis: „Manche Männer werden durch eine Verwundung zu Gott geführt, andere in die Bitternis."

Manchmal muss Bob im Geschäft seiner Onkel aushelfen, später auch bei säumigen Kunden versuchen, das Geld einzutreiben. Nach der Schule geht er gerne in eines der Cafés an der Hauptstraße. Da steht eine Jukebox, da hängt er mit seinen Kumpels ab. Er spielt Bowling. Mit seiner Mannschaft, den „Gutter Boys", gewinnt er sogar einen Wettbewerb.

Als er zwölf ist, naht die Bar-Mizwa, die jüdische Feier zur Religionsmündigkeit Jugendlicher, vergleichbar mit der kirchlichen Konfirmation oder Firmung. In Hibbing lebt eigentlich kein Rabbiner, die nächste Synagoge ist in Duluth. Doch unter seltsamen Umständen taucht dann doch einer mit seiner Frau auf, „ein alter Mann aus Brooklyn mit weißem Bart, einem schwarzen Hut und schwarzen Kleidern". Die beiden ziehen in eine Wohnung über dem örtlichen Rock'n'Roll-Café, das Bob gut kennt. Jeden Tag geht Bob zum Unterricht beim Rabbiner, „entweder nach der Schule oder nach dem Abendessen". Vermutlich ist das der Ort, an dem er all die Geschichten aus der Tora kennenlernt: wie Gott die Welt erschaffen hat. Warum Gott eine Sintflut schickte. Unter welchen Mühen das Volk Israel durch die Wüste wanderte und mit wie viel Leidenschaft die Propheten mit den Mächtigen ihrer Zeit ins Gericht gingen. Der Rabbiner wird ihm auch erklärt haben, was es bedeutet, Jude zu sein. Voll mit Geschichten geht Bob nach dem Unterricht hinunter ins Café und hört Musik. Die Jukebox bietet die neuesten Hits: Folk, Blues, Countrymusic.

Im Sommer lernt Bob viele andere jüdische Jugendliche kennen: Seine Eltern schicken ihn in diesem und den folgenden Jahren zur Jugendfreizeit ins „Herzl Summer Camp" in Webster, etwa 150 Meilen von Hibbing entfernt. Den Berichten ehemaliger Freunde zufolge hatte Bob Spaß – und spielte lieber Gitarre, als sich an Gemeinschaftsaktionen zu beteiligen.

Soldat auf Golgatha

In dieser Zeit hat Bob auch seine ersten Auftritte – auf der Bühne der Schule. Und das ist „kein kleines Klappstuhltheater, sondern eine mit Bergbaugeldern von der Ostküste finanzierte professionelle Konzerthalle wie die Carnegie Hall, mit Vorhängen, Requisiten, Falltüren und einem Orchestergraben". Jedes Jahr kommt eine Theatergruppe hierher und führt das „Black Hills Passion Play of South Dakota" auf. Die Hauptdarsteller reisen mit Requisiten an, zu denen auch ein Kamel und Tauben gehören. Vor Ort ergänzen Statisten die Nebenrollen.

Bob ist einer von ihnen. Seine erste Rolle: Er mimt einen römischen Soldaten mit „Speer und Helm, einem Brustpanzer und allem Drum und Dran". Es ist „keine Sprechrolle", doch das stört Bob nicht: „Ich fühlte mich wie ein Star. Das Kostüm gefiel mir. Es hatte eine belebende Wirkung ..., als römischer Soldat gehörte ich dazu, ich stand im Mittelpunkt der Erde, ich war unbesiegbar."

Vielleicht gefällt ihm die Rolle auch, weil sie nahe an seinem Berufswunsch ist: Oft stellt er sich vor, wie er in einer „heroischen Schlacht stirbt". General möchte er werden, ein eigenes Bataillon führen. Um das zu erreichen, will er die Militärakademie in Westpoint besuchen, eine Elite-Hochschule. Als er seinem Vater von dem Wunsch erzählt, sieht der ihn verblüfft an. Ohne Beziehungen werde dort niemand aufgenommen, dämpft er die Erwartungen seines Sohnes. Außerdem wünscht er sich, dass Bob einmal den Laden übernimmt. Bobs Onkel dagegen empfiehlt lakonisch: „Such dir Arbeit im Bergwerk."

Währenddessen nähert sich Bob stringent seiner tatsächlichen Berufung. Auf der Bühne zu stehen, auch das findet er faszinierend. Mehr als das Theater mag er jedoch die Musik. Als er zehn war, hatte er im Haus in Hibbing eine alte Gitarre gefunden. Nun fängt er an zu spielen und zu singen – all die Lieder, die ihm so zu Ohren kommen. Bald steht fest: Er will Musiker werden, Sänger und Gitarrist. Seine Eltern fördern sein musikalisches Talent; sein Cousin hat ihm Klavierspielen beigebracht. Jetzt übt er erst auf seiner akustischen Gitarre, dann legt er sich eine elektrische zu. An der Highschool gibt es viele Jugendliche, die ähnlich ticken. Bands gründen sich. Bob singt in der A-cappella-Gruppe „The Jokers" mit, dann spielt er in der Cover-Band „The Golden Chords". Die jungen Männer schaffen es sogar in einen Talentwettbewerb in Duluth.

Minneapolis

Hibbing wird Bob zu klein. Alles in ihm drängt ihn, die Stadt zu verlassen. Es muss doch mehr geben als dieses Bergarbeiter-Kaff! Bob überlegt, wie er sich seinen Berufswunsch erfüllen kann. Im Frühjahr 1959 fasst er einen Plan: Er will sich an der Universität von Minneapolis einschreiben – für Kunst und Musik. Seine Mutter gibt ihm den Tipp, eine Unterkunft bei der jüdischen College-Bruderschaft „Sigma Alpha Mu" zu suchen – sein Cousin Chucky ist dort Vorsitzender.

Bob steigt tatsächlich in den Greyhoundbus; sein Ziel: Minneapolis, knapp 300 Meilen entfernt. Als er aussteigt, fühlt er sich „befreit und wie entronnen". Im Haus der Studentenverbindung bekommt er im zweiten Stock ein sehr einfaches Zimmer. Schnell merkt er jedoch, dass der Verein auch nur zu dem Establishment gehört, von dem er sich doch eigentlich trennen will.

Er hat nur eins im Kopf: Folk. Das ist für ihn nicht nur Musik, sondern ein Lebensgefühl, das ihn ganz einnimmt. Er lebt in einem Paralleluniversum, „in dem archaischere Prinzipien und Werte" vorherrschen, „einem Kosmos der Taten und Tugenden vom alten Schrot und Korn". Folk ist für ihn „lebensechter als das Leben selbst", so wie „das Leben unter einem Vergrößerungsglas". Seine E-Gitarre tauscht er gegen eine Westerngitarre, eine Martin Double-0, in der Folkszene ein angesagtes Modell mit typisch hartem Anschlag. Er streift durch die Plattenläden des Universitätsviertels. In deren Probehörkabinen hört er sich Songs an, zu Hause spielt er sie nach und lernt so viele unterschiedliche Anschlagstechniken.

Eines Tages trifft er in einem Café einen Gleichgesinnten, der eine große Plattensammlung hat. Die vielen Stile, die es da zu entdecken gibt, hauen Bob um: Künstler und Künstlerinnen, von denen er noch nie gehört hat; Traditionals aus den unterschiedlichsten Regionen; raue Shantys und herzige Balladen: „Die Songs hatten schöne Melodien und erzählten von alltäglichen Helden: Barbieren und Dienern, Mätressen und Soldaten, Matrosen, Farmarbeitern und Fabrikarbeiterinnen und so weiter, ihrem Tun und Treiben – wenn sie in den Songs zu Wort kamen, schloss man sofort Freundschaft mit ihnen", erzählt Dylan später.

Mit seinem neuen Kumpel macht Bob auch Musik. Sie spielen Gitarre, singen im Duett die alten Songs. Der Sommer ist paradiesisch. Zum Semesterbeginn mietet sich Bob ein noch einfacheres Zimmer in der Stadt. Er verdient sich Geld durch Auftritte in kleinen Cafés und Clubs, lernt andere Musikerinnen und Musiker kennen. Er ist wie besessen von dem alten, authentischen Folk, der von den Vertretern des kommerziellen Mainstream-Folks oft belächelt und für altmodisch befunden wird. Doch Bob bleibt diesem Stil treu, obwohl er sich einiges an Kritik anhören muss von selbsternannten Gralswächtern der Folkszene, die meinen, er sei einfach nicht gut genug und würde nur versuchen, andere zu imitieren. Er weiß selbst, dass andere besser sind als er. Das wurmt ihn. Doch er weiß auch, dass er noch dazulernen wird.

„Bobby Zimmerman" nennt er sich zunächst. Doch der Name gefällt ihm bald nicht mehr, er findet ihn unpassend für Auftritte. Seinen Vornamen behält er bei – nennt sich nun aber Bob Dylan. Warum „Dylan"? „Ich brauchte ganz schnell einen Namen, und da hab ich mir halt den gegriffen. Er fiel mir einfach ein", meint er später und weist Spekulationen zurück, die Namenswahl sei eine Reminiszenz an den Schriftsteller Dylan Thomas.

Unbeirrt hört er weiter Musik, lässt sich inspirieren und staunt über die seltsamen und ehrwürdigen Gestalten, die sich da in der Szene tummeln – Unbekannte und Stars, die es in die großen Medien geschafft haben. Countrymusik gefällt ihm, besonders die Songs von Jimmie Rodgers und Hank Williams, der ein paar Jahre zuvor an seiner Alkohol- und Drogensucht gestorben ist. Auch Blues mag Bob, die Musik von Jelly Roll Morton, Leadbelly und Jack Guthrie. Später erinnert er sich an diese Zeit: „Ich konnte mich nicht entscheiden, was mir besser gefiel, Country oder Blues. Ich nehme an, deshalb bin ich eine Mischung aus Hank Williams und Woody Guthrie geworden."

„Ich habe das Licht gesehen"

Nicht nur die Musik der beiden gefällt Bob, er mag auch die Geschichten, die sie erzählen: von lebenshungrigen Männern auf der Suche nach dem Glück; von armen Arbeitern, die von den Unternehmern ausgenutzt werden; von Familien, die nicht wissen, wie sie ihr Essen bezahlen sollen; von Hobos, den Wanderarbeitern, die schwarz auf Güterzügen durchs Land fahren und sich mit Gelegenheitsjobs durchschlagen. Aber ihm gefallen auch die anderen Geschichten, die von den Verlockungen der Liebe, vom ewigen Spiel zwischen Mann und Frau und von unerfüllten Sehnsüchten und leidvollen Trennungen. Und als würde es selbstverständlich zu diesem ganzen seltsamen und aufregenden Leben dazugehören, singen Hank Williams und Woody Guthrie auch von ihrem christlichen Glauben. Nicht missionarisch wie viele Prediger – sie beschreiben eher, wie sie selbst den Glauben erfahren. Mit den Augen ihrer Lebenserfahrungen lesen sie die Bibel. Ihre Frömmigkeit ist weniger durch Gottesdienstbesuche als durch das Leben selbst geprägt, sie ist nicht glaubens-, sondern lebensgeprüft. Das macht sie so ansprechend, das lässt sie so geerdet erscheinen. Sie kennen finstere Täler und Durststrecken aus eigener Erfahrung. Nichts im Leben ist ihnen fremd. Der Glaube lässt sie die Täler durchschreiten und schenkt ihnen Hoffnung darauf, dass irgendwann alles besser wird – wenn nicht mehr auf der Erde, dann einst bei Gott, dessen Licht schon jetzt erkennbar ist.

Der alkoholkranke Country-Star Hank Williams hatte beispielsweise herzerweichend beschrieben, wie der Glaube einen verzweifelten Mann rettete: „I Saw the Light", „Ich habe das Licht gesehen". „Ich wanderte ziellos, mein Leben war voller Sünden. Dann kam Jesus wie ein Fremder in der Nacht – Gelobt sei der Herr, ich habe das Licht gesehen!" Der Song ist kein Bekehrungslied, sondern das Zeugnis eines Menschen, der den Glauben als konkrete Lebenshilfe erfahren hat und unaufdringlich im Country-Style davon erzählt. Wie einem blinden Mann habe Gott ihm das Augenlicht wiedergegeben; jetzt sei die Dunkelheit ebenso verschwunden wie die sorgenvollen Nächte. „Die Traditionals sind mein Lexikon und Gebetbuch", sagt Dylan 1997 in einem Interview, „da hab ich alle meine Überzeugungen her." Und er fügt hinzu: „Ich glaube Hank Williams, wie er ‚I Saw The Light' singt – auch ich habe das Licht gesehen."

Jesus als heiliger Hobo

Auch ein Song von Dylans Vorbild Woody Guthrie handelt vom Glauben, genauer: von Jesus Christus. Guthrie singt ebenfalls unpathetisch und zurückgenommen über den Glauben – so wie ein Songwriter, der seine Geschichte erzählt. Sein Jesus-Song ist eine schlichte Country-Ballade im Viervierteltakt, gespielt auf einer trockenen gezupften Westerngitarre. Bei Guthrie wird Jesus zum heiligen Outlaw: ein „hart arbeitender, mutiger Mann", der „durchs Land reiste" und den Reichen ins Gewissen redete, sie möchten mit den Armen teilen. Weil Jesus das auch „dem Prediger und dem Sheriff" sagte, wurde er ins Gefängnis geworfen – verraten von einem „dreckigen Feigling namens Judas Iskariot". Die „Bankiers und Prediger" hätten ihn schließlich ans Kreuz genagelt. Am Ende wagt Guthrie den Ausblick: Würde Jesus heute in New York so predigen wie damals in Galiläa, müsste er nochmals sterben.

Er proletarisiere Jesus, das sei unangemessen – diesen Vorwurf musste sich Woody Guthrie anhören. Wer so kritisiert, übersieht zwei Dinge: Zum einen ist *jedes* Erzählen von Jesus vom eigenen Erfahrungshorizont dessen geprägt, der sich da gerade Gedanken macht. Zum anderen greift Guthrie viele in den Evangelien geschilderte Themen auf: Der Zimmermann Jesus zog tatsächlich als Wanderprediger durchs Land. Er stand auf der Seite der Armen und erklärte, sie seien zum göttlichen Gastmahl eingeladen (Lukas 14,3). Einem Reichen, der ihm nachfolgen wollte, empfahl er: „Verkaufe alles, was du hast, und gib's den Armen, so wirst du einen Schatz im Himmel haben!" (Lukas 18,22). Jesu radikale Predigt vom Reich Gottes provozierte die „Prediger und Sheriffs" seiner Zeit, die Schriftgelehrten und Machthaber, die schließlich für seine Festnahme und Verurteilung sorgten. Ja, Guthrie legt einen engen Fokus auf die soziale Botschaft Jesu und blendet dafür andere aus. Aber wie könnte ein einziger Song auch alle Facetten Jesu erfassen?

Als Bob Dylan den Titel „Jesus Christ" 1959 hört, ist er zutiefst berührt – vom Song und von Woody Guthries Art, zu singen und zu spielen. „Es war, als hätte ich im Dunkeln gesessen und jemand hätte den Hauptschalter eines Blitzableiters umgelegt", schildert er den Moment später in seiner Autobiografie „Chronicles", „ich hatte das Gefühl, etwas über den Kern der Selbstüberwindung herausgefunden zu haben und in den inneren Kern der Dinge vorgedrungen und mehr bei mir selbst zu sein als je zuvor."

New York

Auch Frauen tummeln sich in der Folkszene. Zum Beispiel Joan Baez, eine junge Sängerin, halb Schottin, halb Mexikanerin. Sie ist genauso alt wie Dylan. Ihre Platte hat er schon gehört. Eines Tages sieht er sie in einer Fernsehshow und ist wie „berauscht“: Sie sah „teuflisch gut aus – glänzendes schwarzes Haar, das ihr bis über die geschwungene Hüfte reichte, geschwungene halb gesenkte Wimpern. Sie war alles andere als ein harmloses Püppchen. Und dann erst ihre Stimme. Eine Stimme, die böse Geister austrieb. Es war, als sei sie von einem anderen Planeten herabgestiegen“, erinnert er sich später. Joan Baez wirkt auf ihn „wie ein Heiligenbild, wie jemand, für den man sich aufopfern wollte, und ihre Stimme sang unmittelbar zu Gott ..., außerdem beherrschte sie ihr Instrument ausnehmend gut“.

Bob fällt ins Träumen: Ihre Stimme würde perfekt mit seiner harmonieren, denkt er, außerdem brenne „in ihr ein Feuer“, und „das gleiche Feuer“ nahm er auch bei sich selbst wahr. Er will ihr nicht begegnen, fürchtet sich vor ihrer Perfektion und Erhabenheit. Doch er ahnt, dass ein Treffen unausweichlich ist. Aber wie soll das gehen: er in der Provinzhauptstadt Minneapolis, sie da draußen in einer Stadt, wo wirklich was los ist.

Dylans Tage in Minneapolis sind gezählt. Es zieht ihn weiter: „Ich hatte gelernt, was ich lernen konnte, und all meine Möglichkeiten ausgeschöpft ... Als ich nach Minneapolis kam, war es eine richtige Großstadt für mich. Als ich ging, war es so 'ne Art ländlicher Vorposten.“ Ein Vorposten für die Stadt, die nie schläft, die pulsiert, von der sich die wirklich großen Künstler und Künstlerinnen inspirieren lassen: New York.

Als die Zeit reif ist, mitten im Winter, packt Dylan einen Koffer und seine Gitarre und verlässt sein kleines Zimmer. Mitten im Schneesturm stellt er sich an den

Highway, der Richtung Osten führt, „im Vertrauen darauf, dass das Leben es gut mit ihm meint". Ein alter Mann nimmt ihn in seinem klapprigen Auto mit nach Wisconsin. Von Chicago aus fährt er in einem eleganten Straßenkreuzer, einem 57er Chevy Impala, „mit Höchstgeschwindigkeit in einer Tour durch die verqualmten Städte, über gewundene Straßen, an grünen und schneebedeckten Feldern vorbei und weiter nach Osten über die Staatsgrenzen, Ohio, Indiana, Pennsylvania, vierundzwanzig Stunden lang". Auf dem Rücksitz hängt er seinen Gedanken nach. Als der Wagen auf der George-Washington-Brücke den Hudson River überquert, realisiert er: Er ist angekommen.

1962 in New York

Brutale Kälte, beißender Wind und harter Schnee empfangen ihn. Hier kennt er keine Menschenseele. Seine erste Anlaufstelle: das Café *Wha?* mitten im quirligen Greenwich Village – eine schummrige Kellerbar mit täglichem Live-Programm. Das hatte ihm jemand empfohlen. Hier treffen sich Studenten, Intellektuelle, Beatniks und Touristen. Dylan lernt Fred Neil kennen, einen in New York bekannten Folksänger. Der ist von Bobs Mundharmonikaspiel so angetan, dass er sich von ihm bei seinen Auftritten begleiten lässt. Zur Nachmittagsshow treten alle möglichen Kleinkünstler im Café *Wha?* auf: Zauberer, Hypnotiseure, Komiker. Abends gehört die Bühne den Profis. Bruce Springsteen, Woody Allen, Jimi Hendrix, Richie Havens: Viele später erfolgreiche Kreative stellen sich hier dem anspruchsvollen Publikum. Bob Dylan gehört jetzt zu ihnen. Bald darf er sogar solo auftreten. Eine gute Basis, um sich weiter umzuschauen in der Stadt. In anderen Clubs trifft er Musiker, die er bisher nur von Platten kennt. Er schlägt sich durch, spielt so oft wie möglich, die Gage sammelt er nach den Auftritten mit dem Hut ein, am Wochenende kommen so rund 20 Dollar zusammen.

Dylan erkennt, dass er mit seinem „Hardcore-Folk" polarisiert. Manche mögen seine Interpretationen im Stil der alten Folk-Größen nicht, sie wollen es gefälliger. Andere loben den jungen Musiker mit der nasalen Stimme wegen genau dieser ursprünglichen Art. Sie merken: Im Unterschied zu vielen anderen Musikern ist Bob Dylan nicht eitel. Er braucht es nicht, geliebt zu werden. Er möchte nur, dass das Publikum mit ihm und den Songs in die Folk-Welt abtaucht.

Tagsüber stromert Dylan durch Greenwich Village und stöbert in Plattenläden und Bibliotheken. Begeistert blättert er alte Noten und Liedsammlungen durch, von Cowboy- über Gewerkschaftssongs bis hin zu Kirchenliedern. Für ihn spielt in diesen Liedern der Vergangenheit das gesamte Leben. Die „irrsinnig komplizierte moderne Welt" interessiert Dylan genauso wenig wie all das, was sonst in New York, dem „modernen Gomorra", so geschieht. Er lebt innerlich in der Vergangenheit, in der die Folk-Songs entstanden: als fromme Menschen versuchten, gerecht durch die Welt zu gehen, als die Bahnstrecken durch den Westen gebaut wurden, als die Titanic unterging und tragische Gestalten die Schlagzeilen bestimmten. Folksongs sind in Dylans „Empfinden und Denken eingebettet wie eine Religion".

In einem Haus, in dem er zeitweise lebt, entdeckt er eine Bibliothek. Obwohl sie nichts mit Musik zu tun hat, ist er geflasht: Solche Bücher hat er zu Hause in Hibbing nicht gelesen! Er vergräbt sich darin, stundenlang, immer wieder, am liebsten würde er sie alle lesen. Sie öffnen ihm Tore in bislang unbekannte Welten: Schriften antiker Philosophen und Dantes Inferno, Werke von Honoré de Balzac und Victor Hugo, von Tolstoi und Dostojewski. Gedichte von Edgar Allen Poe verschlingt er förmlich, „Die Glocken" lernt er sogar auswendig. Er entdeckt Machiavellis „Der Fürst" und Rousseaus „Gesellschaftsvertrag", auch Kirchliches, etwa ein Buch mit Legenden über die Versuchungen des heiligen Antonius und Werke des mittelalterlichen Universalgelehrten und Theologen Albertus Magnus. „Vom Kriege", ein Strategiebuch des preußischen Heeresreformers Carl von Clausewitz, fordert ihn heraus, ebenso Sigmund Freuds „Jenseits des Lustprinzips". „Die Gewalt der Bücher brachte das Zimmer zum Schwanken, bis mir übel wurde", erinnert sich Dylan später an diese Lese-Attacken, „ich war auf der Suche nach dem Teil meiner Bildung, den ich nie erhalten hatte." Seine Lust an den Büchern ist unbändig – allerdings nimmt sie ihm nichts von der Überzeugung, dass Folkmusik Inhalte noch besser transportieren kann: *„Die Folksänger konnten in wenigen Strophen den Inhalt eines ganzen Buchs erzählen."*

Der Stadtteil Greenwich Village wird sein Quartier. Im Washington Square, einem kleinen Park, treffen sich Musiker jeder Couleur und Herkunft. Alles spielt sich auf der Straße ab, die Cafés sind die ganze Nacht lang geöffnet. Zwänge scheint es nicht zu geben. New York ist für Dylan „ein kosmopolitischer Traum vom Reichtum des menschlichen Geistes". Immer mehr Kontakte knüpft er. Plötzlich engagiert ihn ein Superstar für eine Produktion: Harry Belafonte ist als Sänger und Schauspieler über die Grenzen der USA hinaus bekannt. Er ist erfolgreich, aber nicht mainstreamig geschliffen; außerdem engagiert er sich in der Bürgerrechtsbewegung. Das gefällt Dylan. Für seine neue Produktion braucht Belafonte einen Mundharmonikaspieler. Selbstverständlich sagt Dylan zu. In dem Song „Midnight Special" ist Dylan virtuos zu hören. Durch die Zusammenarbeit mit Belafonte fühlt er sich „auf irgendeine Weise gesalbt".

Etwa zeitgleich hört John Hammond, ein Talentsucher bei der großen Plattenfirma Columbia, von Dylan. Er ist angetan von der Energie und vom Können dieses jungen

Musikers. Die Art von urtümlichem Folk, die Dylan spielt, lässt eigentlich nicht auf hohe Verkaufszahlen hoffen oder darauf, dass die Mainstream-Radiosender ihn bringen. Dennoch traut Hammond es Bob Dylan zu, ein großes Publikum zu finden. Dylan unterschreibt den Vertrag.

„Bob Dylan"

Die erste Langspielplatte in nur zwei Sessions zu je drei Stunden aufzunehmen, dazu gehören schon großes Selbstvertrauen und Kühnheit. Am 20. und 22. November 1960 geht Bob Dylan ins Studio in New York. Die Plattenfirma Columbia kostet die Session läppische 402 Dollar. Für Dylan ist die Arbeit im Studio eine neue Erfahrung. „Das Mysterium des Tonstudios" habe etwas in ihm ausgelöst, erklärt er später, „es war Gewalt und Wut in mir". Auf den Aufnahmen wirkt der junge Mann aus Minnesota tatsächlich nervös und aggressiv. Seine Stimme ist rau und „krächzig". Die Gitarre zupft er nicht, sondern schlägt sie mit dem Plektrum; wilde Klänge spielt er auf der Mundharmonika: Zusammen gibt das ein überzeugendes Klangbild. So, wie alter Folk klang, nun interpretiert von einem aufstrebenden jungen Mann.

Bis auf zwei Songs sind die Lieder Coverversionen von Traditionals oder Songs von Interpreten, die Dylan bewundert: Blues, Folk, Country, Gospel. Die ganze Produktion wirkt wie eine respektvolle Verneigung vor seinen musikalischen Wurzeln und Vorbildern. Im selbstgeschriebenen „Song to Woody" nennt er einige: Woody Guthrie, natürlich, und Cisco Houston, Sonny Terry und Leadbelly.

Dylan reiht sich ein in die erste Riege der Folkmusiker. Er setze jetzt seine Reise fort, singt Dylan, und wünsche sich, dass er am Ende seines Weges sagen kann: „Auch ich habe manche schwere Reise durchgemacht."

Wie Guthrie erzählt er Geschichten. Von sich selbst, wie er nach New York kommt, für wenig Geld in Clubs in Greenwich Village spielt („Talking New York Blues"). Von den Mädchen, die im „House of the Rising Sun" ihr Glück suchen und verkaufen. Oder vom sorgenvollen Mann („Man of Constant Sorrow"), der seit sechs Jahren vor seinen Sorgen zu fliehen versucht und hofft, seine Geliebte nach dem Tod an „Gottes goldenem Ufer" wiederzutreffen. Die Geschichte eines weiteren lebensmüden Mannes erzählt Dylan in „Fixin' to Die"; der Mann bittet Jesus, ihm das Sterbebett zu bereiten.

Auch den Song eines Predigers covert Dylan: „Baby, Let Me Follow You Down". In dem Lied fleht er liebestrunken seine Verehrte an, sie solle ihn mit zu sich nach Hause nehmen: „Ich werde alles in dieser gottesfürchtigen Welt tun, wenn du mich einfach mit dir nach Hause kommen lässt!"

In „Gospel Plow" bereitet Dylan einen alten afroamerikanischen Spiritual für sich auf. Er basiert auf einem Wort Jesu, der einem Nachfolger sagte: „Niemand, der die Hand an den Pflug legt und zurückschaut, taugt für das Reich Gottes" (Lukas 9,62). „Keep your hand on the plow" – „Halt mit deiner Hand den Pflug fest!" „Ich war noch nie im Himmel, aber mir wurde erzählt, dort oben gebe es goldene Straßen!" „Gospel Plow" ist das erste veröffentliche Bibel-Lied Dylans.

Am 19. März 1962 erscheint die Platte – mit seinem Namen als Titel: „Bob Dylan". Auf dem Cover ist er zu sehen: mit Schirmmütze, hellbrauner Lammfelljacke und Gitarre in der Hand blickt er direkt in die Kamera.

Das Folk-Publikum reagiert verhalten, der Verkauf läuft schlecht. Kritiker reiben sich an der „Mittelmäßigkeit" von Dylans Gitarrenspiel und an seiner „quietschenden Stimme". Verantwortliche der Plattenfirma fragen sich, ob sie zu viel Hoffnung in den Folksänger gesteckt haben. Böse Zungen nennen die Platte „Hammonds Schnapsidee".

Dylan selbst ist auch unzufrieden. Doch das gibt ihm keinen Dämpfer, sondern spornt ihn umso mehr an: Er will so schnell wie möglich eine zweite LP aufnehmen. Die Zeit für eigene Songs ist gekommen.

S. 40 oben: 1964.
S. 40 unten / S. 41: In seinem Haus bzw. Garten in Woodstock.
S. 42: In einem Café in Woodstock.

Die Zeiten ändern sich

Protestsänger und Prophet? Bitte nicht!

Manchmal überkommen Dylan Song-Ideen ganz plötzlich. So am 16. April 1962. Nachmittags sitzt er im Café *The Commons* mitten in Greenwich Village und trinkt mit dem gleichaltrigen befreundeten Musiker David Blue einen Kaffee. Gegen 17 Uhr packt er seine Gitarre aus und beginnt einen Song zu schreiben. Eine Melodie dazu hat er bereits im Kopf: „No More Auction Block for Me", ein Spiritual, einst ein Hoffnungslied US-amerikanischer Sklaven. Dessen Melodiezeile verwendet er für seine Strophen, den Refrain komponiert er neu. Auch für den Text hat er eine Anfangsidee – sie stammt aus der Bibel. Da klagt Gott über das „widerspenstige Volk": „Sie haben Augen zu sehen und sehen nicht; Ohren zu hören und hören nicht", lässt er den Propheten Hesekiel (12,2) die Hartherzigkeit der Menschen beklagen. Dylans Text wirkt wie eine Erweiterung: „Wie oft muss ein Mann hochsehen, bis er den Himmel sieht? Wie viele Ohren muss jemand haben, bevor er Menschen schreien hört?" Weitere Fragen stellt Dylan: Fragen, die angesichts der Kriege in der Welt naheliegen: „Wie viele Tote braucht es denn noch, bis wir wissen, dass zu viele Menschen getötet wurden?" Auch die Geschichte der Arche Noah schwirrt Dylan offensichtlich im Kopf herum: Als die Sintflut zurückwich, schickte Noah eine Taube aus, um zu prüfen, ob die Wasser schon wieder Land freigaben. „Wie viele Meere muss die weiße Taube überqueren, bevor sie im Sand schlafen kann?", fragt Dylan. Der Refrain lässt die Antwort offen: „The Answer is Blowin' in the Wind", „Die Antwort weiß ganz allein der Wind." Eine weitere Stunde feilt er an jenem Tag im Café noch am neuen Song, dann ist er fertig. Kurz darauf spielt er ihn erstmals vor Publikum. Die Menschen sind begeistert, und Dylan schwant, dass ihm da etwas ganz Großes gelungen sein könnte.

Sein Manager arbeitet auch für das Folk-Trio Peter, Paul and Mary. Die drei reichern den Song mit Moll-Akkorden an, nehmen ihn als weichgespülte dreistimmige Version auf – und landen prompt einen Hit. Niemand hätte geglaubt, dass ein gesellschaftskritischer Text, in dem es um Krieg und Tote geht, auf oberen Chartplätzen landen könnte. Peter, Paul and Mary gelingt es, sie verkaufen in der ersten Woche 300 000 Singles.

Dylan selbst veröffentlicht „Blowin' in the Wind" als raue Folk-Version erst im Mai 1963 auf seinem zweiten Album, „The Freewheelin' Bob Dylan". Auf dem Cover zeigt er sich mit seiner Freundin Suze Rotolo, einer Künstlerin und politischen Aktivistin. Sie hakt sich liebevoll bei ihm unter. Dylan hatte die 17-jährige blonde, „heißblütige Italienerin" Anfang 1962 kennengelernt und war hingerissen von ihrem Lachen und ihrer Sinnlichkeit. „Cupidos

Pfeil war schon oft an meinem Ohr vorbeigezischt, doch diesmal traf er mich ins Herz, und das Gewicht zog mich über die Reling", beschreibt er sein Verliebtsein. Die beiden werden ein Paar, die kunstbeflissene Suze nimmt ihn mit ins Theater und in Ausstellungen, inspiriert ihn auch dazu, selbst mit dem Malen anzufangen. Im Sommer beginnt sie ein Studium in Italien. Dylan bleibt allein in Greenwich Village. Er steckt seine Energie in das Schreiben neuer Songs. Sein zweites Album ist ein Echo der enormen Schaffenskraft dieser Zeit. „The Freewheelin' Bob Dylan" – „Der freilaufende Bob Dylan"? Ja, denn auf diesem Album bringt er keine Coverversionen seiner verehrten Folk-Größen mehr, sondern nur eigene Songs. Es geht um Liebe und Politik, um seine schwierige Beziehung zu Suze Rotolo und um Themen seiner Folk-Welt: Highways, Freiheit und das Unterwegs-Sein. Sein erstes selbstkomponiertes Album zeigt auch: Religion ist eine der Quellen auch für seine eigenen Songs. In „Girl from the North Country", einem Liebeslied, vermutlich für Suze Rotolo, betet der Sänger Tag und Nacht für die ferne Geliebte.

In „Masters of War" klagt Dylan scharf die Kriegstreiber und Waffenfabrikanten an. In seiner Empörung setzt er sie mit Judas gleich – sie verrieten die jungen Menschen, die in den Krieg ziehen, verbluten und im Dreck sterben, heißt es da: Nicht einmal Jesus würde das Treiben der Waffenhersteller vergeben, und mit ihrem vielen verdienten Geld könnten sie sich auch keine Vergebung erkaufen.

„Watcha Gonna Do" nimmt Dylan auf – es ist aber ein sogenannter „Outtake", es wird nicht auf dem Album veröffentlicht. „Was wirst du tun, wenn der Tod unter deiner Tür hervorkriecht?" Dylan hat weitere christlich aufgeladene Fragen: „Was wirst du tun, wenn der Teufel dein Blatt sehen will?" – „Was wirst du tun, wenn dein Wasser zu Wein wird?" – eine Anspielung auf das Wunder Jesu bei der Hochzeit zu Kana (Johannes 2,1-12). Und schließlich: „Was wirst du tun, wenn du nicht mehr Gott spielen kannst?" Existenzielle Fragen mutet Dylan seinen Hörern und Hörerinnen zu. In einem weiteren Song, „Quit Your Low Down Ways", hinterfragt er fromme Menschen, die glauben, sie müssten nur die Bibel lesen oder zu Gott beten, um ihre Seele zu retten. „Wenn du nicht aufhören kannst zu sündigen, gib wenigstens deinen schlimmen Lebenswandel auf!"

„With God on Our Side"

Dylans Können spricht sich herum, er wird zum Newport-Festival eingeladen, wo sich die angesehensten Musikerinnen und Musiker des Landes treffen. Eine Ehre für den 21-jährigen Newcomer. An jedem der drei Festivaltage hat er einen Auftritt; vier Songs spielt er am ersten Abend, singt natürlich auch „Blowin' in the Wind" – der Song ist sogar im Festivalprogramm abgedruckt. Bei zwei Workshops bekommen die Festivalbesucher den so selbstbewussten jungen Mann mit der nasalen Schnodderstimme aus nächster Nähe mit.

Am letzten Abend, im Finale, darf er sogar mit Joan Baez gemeinsam einen Song singen, den er bereits ein Jahr zuvor geschrieben hat: „With God on Our Side". Auf den ersten Blick ist es ein Protestlied gegen den Krieg, oder besser: dagegen, dass Nationen und Mächte Gott in ihren Unrechtskriegen für sich beanspruchen. Der erzählende Sänger blättert in den Geschichtsbüchern und wundert sich: Die Indianer wurden von amerikanischen Truppen niedergemetzelt, die meinten, Gott auf ihrer Seite zu haben. Genauso wie die Strategen und Soldaten des amerikanischen Bürgerkriegs und des Ersten und des Zweiten Weltkriegs. Auch in kommenden Kriegen werde Gott auf diese Weise vereinnahmt und benutzt werden, mutmaßt Dylan fatalistisch: „In mancher dunklen Stunde habe ich darüber nachgedacht, dass Jesus mit einem Kuss verraten wurde", singt er, „ich kann nicht für euch nachdenken, ihr selbst müsst entscheiden: Hatte Judas Iskariot Gott auf seiner Seite?"

Damit verlässt Dylan den anklagenden Ton eines Protestsongs und wirft eine Frage auf, die theologisch seit den Anfängen der Kirche heiß diskutiert wird. War Judas die Personifizierung böser Mächte, die Jesus töten wollten? Oder hatte auch er, der Ausgestoßene und als Verräter Gebrandmarkte, eine Funktion im göttlichen Plan? Denn immerhin: Hätte Judas Jesus nicht verraten, wären Jesus womöglich die Verhaftung und der Tod am Kreuz erspart geblieben – doch ohne die Kreuzigung hätte es auch keine Auferstehung gegeben. Hatte Judas also Gott auf seiner Seite, als er Jesus an seine Schächer verriet, ausgerechnet mit einem Kuss, also einer Liebesbekundung? Und was würde all das für heutige Menschen bedeuten, die Gott auf ihrer Seite wähnen – so wie der Apostel Paulus, der sich sicher war, dass die ersten Christen Gott auf ihrer Seite hatten, als er an die Gemeinde in Rom schrieb: „Ist Gott für uns, wer kann wider uns sein?"

(Römerbrief 8,31). Wer darüber nachdenkt, kann stundenlang sinnieren, ohne zu einem eindeutigen Ergebnis zu kommen. Und so heißt es auch in der letzten Strophe des Songs: „Ich bin höllisch erschöpft. Die Verwirrung, die ich fühle, kann ich gar nicht beschreiben." Aber, so die letzte Zeile, trotz allem Hin und Her: „Wenn Gott auf unserer Seite ist, dann wird er einen nächsten Krieg verhindern." Das trifft die Einstellung und den Glauben des Publikums des Newport-Festivals, das nach dem Duett von Bob Dylan und Joan Baez frenetisch Beifall spendet. Viele aus der Folkszene hegen Sympathien für die Bürgerrechtsbewegung, die für die Abschaffung des Rassismus, aber auch gegen die Kriegstreiberei eintritt. In ihr haben sich Kirchen, der Amerikanische Jüdische Kongress, Gewerkschaften und andere gesellschaftliche Gruppen zusammengetan. Auf so einen „Protestsänger" wie Dylan haben sie schon lange gehofft: Er ist jung und steckt voller Ideen, er ist beseelt von jenen Werten, die Amerika zu einer toleranten Nation machten, er versteht sich gut mit der schon populäreren Joan Baez, stellt die richtigen Fragen: Wie lange soll es noch Kriege geben? Und er präsentiert eine Antwort, die aus dem Glauben kommt: Kriege sollen nach Gottes Willen nicht sein.

Protestieren für die Freiheit

Der große Zuspruch beim Newport-Festival wird wenige Wochen darauf noch getoppt. Diesmal nicht bei einer künstlerischen, sondern bei einer politischen Veranstal-

Mit Joan Baez auf dem Civil Rights March, Washington, 28.8.1963

tung. Die Bürgerrechtsbewegung hat zum „Marsch auf Washington für Arbeit und Freiheit" aufgerufen. An die 250 000 Menschen sind in die Hauptstadt gekommen und versammeln sich am Lincoln-Memorial, der Gedenkstätte für den 16. US-Präsidenten, Abraham Lincoln (1809–1865), einen frommen Baptisten, der sich deutlich gegen die Sklaverei aussprach und damit so viel Lob wie Widerstand erntete. Rassismusgegner können sich mit Fug und Recht auf Lincoln berufen. Die Veranstalter des Marsches wissen, dass Musik das Mittel ist, um die vielen Menschen zu erreichen. Populäre Musikerinnen und Musiker sind ihrer Einladung gefolgt und tragen zwischen den Reden ihre

Songs vor: Peter, Paul and Mary, Gospel-Sängerin Mahalia Jackson, Joan Baez – und Bob Dylan, der junge Sänger aus dem Norden, der so beeindruckende Protestlieder schreibt und sie so leidenschaftlich singt.

Dylan enttäuscht die Erwartungen nicht. Als er vor die vielen aufgebauten Mikrofone tritt, ist er überwältigt; später erzählt er, er habe in die Menge geschaut und gedacht: „Noch nie habe ich so viele Menschen gesehen." Als Erstes singt er „Only a Pawn in Their Game", ein Lied über die Ermordung des afroamerikanischen Bürgerrechtlers Medgar Evers. Wider Erwarten – und ganz typisch für die vielschichtige Erzählkunst Dylans – beklagt er nicht nur das Schicksal des Opfers, sondern auch das des weißen Täters; dieser sei „nicht der Schuldige", sondern nur „ein Bauer auf dem Schachbrett" gesellschaftlicher Gruppen, die den Rassismus und die Gewalt schüren.

Dann singt er ein neues Lied voller biblischer Anspielungen: „When the Ship Comes In". Schiffe haben seit alters her mythische Bedeutung, stehen für den Übergang von der Welt der Lebenden zu der der Toten. Dem biblischen Buch der Offenbarung (7,1) entnimmt Dylan den Anfang seiner Vision: „Die Zeit wird kommen, wenn alle Winde sich legen ..." Dann komme auch das Schiff, begleitet von heftigen Naturgewalten. Es wirkt wie ein Vorbote des Jüngsten Gerichts, denn „die Feinde" werden sich beim Gewahrwerden des Schiffs „zwicken und jammern und begreifen, dass es nun ernst wird". Mit erhobenen Händen werden sie sich ergeben – aber die Schiffsbesatzung ist gnadenlos: „Wie das Volk des Pharaos werden sie in der Flut ertrinken und wie Goliath besiegt werden." Zorn und Rache sprechen aus Dylans Song. In der Sommerhitze des 28. August 1963 hören die Menschen ihn als Kampfansage an die Rassisten, die sich vor dem Jüngsten Gericht fürchten sollten. Dylan singt es mit rauer Stimme, Joan Baez summt im Hintergrund mit weichem Timbre dazu. Das rechte Lied zu diesem Anlass – der meilenweit von der Situation entfernt ist, in der es entstand. Denn da war Dylan aus einem ganz anderen Grund zornig: Mit Joan Baez wollte er in ein Hotel einchecken, doch der Mann an der Rezeption wollte ihm kein Zimmer geben, er wirke zu runtergekommen. Joan Baez, die bereits berühmt war, musste die Kosten für ihren Freund vorab übernehmen, dann wurde auch er eingelassen. Dylan war wütend auf die Hotelmitarbeiter – er wünschte ihnen Schlimmstes – und schrieb „When the Ship Comes In".

Als das Folk-Trio Peter, Paul and Mary ans Kundgebungs-Mikro tritt, hören die Menschen einen weiteren Dylan-Song: „Blowin' in the Wind".

Am späten Nachmittag beobachtet Dylan aus der Nähe den Baptistenpastor Martin Luther King, dessen Rede unter dem Titel „I Have a Dream" in die Geschichtsbücher eingehen wird. Als „moralischer Führer der Nation" wird King angekündigt. Was der Bürgerrechtler sagt, bewegt Dylan zutiefst. Kings Rede ist rhetorisch perfekt; er verwebt Versprechen der Unabhängigkeitserklärung mit biblischen Motiven, formuliert politische Forderungen der Gleichheit aller, unabhängig von Hautfarbe und Herkunft, und bringt sogar Zitate von Shakespeare unter. Kings Ansichten wurzeln im Glauben und im „amerikanischen Traum ..., dass alle Menschen gleich geschaffen sind". „Wenn Amerika eine großartige Nation sein soll, dann muss dies wahr werden", proklamiert King. Dylan teilt diesen Traum, der eingelöst sei, wenn, wie Martin Luther King es ausdrückt, „alle Kinder Gottes, schwarzer Mann und weißer Mann, Juden und Christen, Protestanten und Katholiken" sich an den Händen halten können und die Worte des alten Spirituals „Endlich frei, endlich frei – danke Gott, dem Allmächtigen" „endlich frei singen". Frei sein und singen, in einer gerechten und gottgefälligen Welt: Das ist auch Dylans Traum.

„Die Ersten werden die Letzten sein"

Binnen eines Jahres ist Bob Dylan zu einem der bekanntesten Musiker der USA geworden, und auch in Europa wird man auf ihn aufmerksam. Seine Schaffenskraft und seine Ideen scheinen keine Grenzen zu kennen. Er spürt und hofft, dass sich die Zeiten ändern. Immer mehr Menschen wenden sich vom Mainstream ab und der Gegenkultur zu, die sich in der Literatur, in der bildenden Kunst und in der Musik formiert. Die Ziele der Bürgerrechtsbewegung finden großen Widerhall auch bei denen, die bisher unpolitisch waren. Dylan wird klar: Der Wandel, der in der Luft liegt, bedeutet Fortschritt im menschenfreundlichen Sinn. Aufzuhalten ist er nicht mehr. Alle, die sich ihm entgegenstellen oder auf Altem beharren wollen, sollten kritisch in sich gehen.

Auch diese Gedanken verarbeitet er in einem Lied, das in beschwingtem Dreivierteltakt das neue Lebensgefühl ausdrückt: „The Times They Are A-Changin'". Zwei biblische Motive haben ihn hier inspiriert: zum einen die Vorstellung, dass die Endzeit nahe sei und bahnbrechende Veränderungen geschehen werden, zum anderen das

Jesuswort aus dem Markusevangelium (10,31): „Viele aber werden die Letzten sein, die die Ersten sind, und die Ersten sein, die die Letzten sind." Mit diesen biblischen Weisheiten und dem Pathos eines heiligen Verkündigers ruft der 22-jährige Dylan alle zusammen: Schreiber und Kritiker, Senatoren und Kongressabgeordnete, Mütter und Väter. Sie alle sollen die Zeichen der Zeit deuten: Die Wasser seien gestiegen. „Wenn euch euer Leben etwas wert ist, solltet ihr lieber schwimmen lernen, sonst werdet ihr untergehen wie ein Stein!" Eine Schlacht tobe, die bald „eure Fenster beben lässt und eure Wände erschüttern wird". Unübersehbar stehe der Wandel bevor, „der Strich ist gezogen, der Fluch ist gesprochen. Und wer heute Erster ist, wird später der Letzte sein".

Am 23. Oktober 1963 spielt Dylan den Song erstmals öffentlich, und zwar zu Beginn eines Konzerts in der New Yorker Carnegie Hall. Das Publikum ist begeistert und applaudiert frenetisch. Dylans Plan ist aufgegangen: „Ich wollte ein großes Lied schreiben, eine Art Titelsong, mit kurzen, prägnanten Versen, die auf hypnotische Weise aufeinander aufbauen ... Ich wusste genau, was ich sagen wollte und wem ich es sagen wollte."

Im Januar 1964 erscheint der Song auf dem gleichnamigen Album. Ebenfalls darauf: „When the Ship Comes In" und „With God on Our Side". Auch ein weiterer Song birgt eine bislang ungeahnte spirituelle Dimension: „Lay Down Your Weary Tune", „Leg deine müde Melodie ab". Geschrieben hat Dylan ihn in der wunderschönen Landschaft von Big Sur, einem Küstenstreifen in Kalifornien, wo er Zeit mit Joan Baez verbrachte. Dylan schildert ein Gefühl der Einheit mit der Natur, die ihre eigene Melodie zu spielen scheint: „Ich stand entspannt unter dem Himmel und entfesselten Wolken." Die Natur verbindet sich auf mystische Weise mit Musik: „Die Morgenbrise blies wie ein Horn ..., der Ozean spielte wie eine Orgel ..., die brechenden Wellen klirrten wie Zimbeln ..., der schreiende Regen sang wie eine Trompete ..., das glatte Wasser [eines Flusses] floss wie ein Choral und klang wie eine Harfe." Der Refrain klingt, als spende eine Stimme Trost: „Leg deine müde Melodie ab; leg das Lied ab, das du spielst, und ruh dich aus unter der Kraft der Saiten, die keine Stimme je nachsummen kann." Auch dieses Album klettert die Charts hoch.

Im Mai 1964 bricht Dylan erstmals zu einer Tournee nach Europa auf, er spielt Konzerte in England.

„Another Side of Bob Dylan"

Unentwegt arbeitet Dylan an neuen Songs. Schon im August erscheint das nächste Album: „Another Side of Bob Dylan". Es zeigt tatsächlich eine bislang verborgene Seite von ihm – die nach innen gewandte. „Ich will nicht mehr für die Leute schreiben", erklärt er, „ich will nun festhalten, was aus meinem tiefsten Inneren kommt." Dazu gehört auch das Thema Glaube. Schon als Kind hätten die Kirchenglocken in Hibbing Dylan „ein Gefühl der Geborgenheit" vermittelt, schreibt er in seiner Autobiografie. „Ich hatte ihnen schon immer gern gelauscht. Eisernen Glocken, Messingglocken, Silberglocken – die Glocken sangen. Zum Sonntagsgottesdienst, an Feiertagen. Sie erklangen, wenn jemand Wichtiges starb und wenn geheiratet wurde. Bei allen besonderen Anlässen läuteten die Glocken. Es war ein schönes Gefühl, sie zu hören ... Ich sah durch das Bleiglasfenster zur Kirche hinüber."

Sein Song „Chimes of Freedom" nimmt vermutlich diese wohligen Gefühle auf. „Glockenspiele der Freiheit" klingt wie eine dramatisch-poetische Neufassung der Bergpredigt (Matthäus 5–7). So wie Jesus die Sanftmütigen und Friedensstifter seligpries, so lässt Dylan Kathedralen-Glocken für Menschen läuten, die zu kurz gekommen sind und nach herkömmlichen Maßstäben nicht viel gelten: Sie läuten für „Rebellen" und „Schurken", für die „Glücklosen" und „Ausgestoßenen". Sie klingen für die „Hüter und Beschützer des Geistes", für die „Tauben und Blinden" und die „Stummen", für die „misshandelte ledige Mutter, zu Unrecht Prostituierte genannt", für den „Outlaw". Wieder baut Dylan Naturereignisse wie Donner und Blitze, Hagel und Regen sowie Licht und „hypnotische Nebelkleckse" ein, sie wirken fast wie himmlische Mächte, die den Menschen quasi wunderbaren Beistand vermitteln: den „Suchenden auf ihrem sprachlosen Weg der Suche", jeder „harmlosen sanften Seele, die in einem Gefängnis fehl am Platz ist". Die „Glockenspiele der Freiheit" läuten den „zahllosen Verwirrten, Beschuldigten, Missbrauchten", jedem Notleidenden „im ganzen Universum". Der Song hat so viel hymnische Kraft, dass Dylan ihn 1993 auch bei der Amtseinführung des US-Präsidenten Bill Clinton vorgetragen hat.

Mit diesem Album läutet Dylan seinen Abschied von dem ungewollten Status des Protestsängers ein, der ihm von der Öffentlichkeit verliehen wurde. „I'm not the one you want, Babe, I'm not the one you need": „Ich bin nicht der, den du willst, Schatz, ich bin nicht der, den du brauchst" singt er in „It Ain't Me, Babe". Vermutlich gilt der Song Suze Rotolo, die ihn inzwischen verlassen hat. Gleichzeitig ist er eine Absage an alle, von deren Erwartungen er sich unter Druck gesetzt fühlt: an die Folk-Szene, die keine Neuerungen von ihm akzeptiert; an das Publikum, das den „alten" Dylan behalten will – und an die in der Bürgerrechtsbewegung Engagierten, die aus Dylan am liebsten einen ihrer Sprecher mit Ikonenstatus machen möchten. Jeglichen Einordnungen, mögen sie aus dem privaten oder beruflichen Bereich kommen, will er sich widersetzen: „Egal, worum es bei dieser Gegenkultur ging, ich hatte genug davon", erinnert er sich in seiner Autobiografie, „ich hatte die Schnauze voll davon, dass ich zum Obermufti geweiht worden war, dass man alles Mögliche in meine Texte hineingeheimnisste ... und dass ich zum Oberpopanz der Rebellion ernannt worden war, zum Hohepriester des Protests, zum Zaren der Andersdenkenden, zum Herzog der Befehlsverweigerung, zum Chef der Schnorrer, zum Kaiser der Ketzer, zum Erzbischof der Anarchie, zum Großen Zampano. Weiß der Teufel, was das sollte. Wie man sie auch dreht und wendet, es sind scheußliche Titel."

So empfindet Dylan, während die politische Lage in den USA eskaliert. Präsident Kennedy ist im November 1963 ermordet worden, vermutlich wegen seiner toleranten Politik. Im Jahr darauf schicken die USA Truppen nach Vietnam, wo ein erbitterter Krieg tobt. Die Kommunisten könnten die Vorherrschaft in Asien erlangen, befürchtet die US-Regierung und greift ein. Im Land formiert sich gegen den „Vietnam-Krieg" eine riesige Protestbewegung, auf deren Demonstrationen Joan Baez singt. Sie versucht, Bob Dylan zum Mitmachen zu bewegen. Vergeblich.

Dylans Verhalten bringt Baez zur Verzweiflung. Wie oft hatten sie „Blowin' in the Wind", „With God on Our Side" und andere Songs zusammen gesungen, und zwar für die gute Sache. Geht es ihrem Freund Bob Dylan, dem Mann mit der sehnsüchtig gebrochenen Stimme, gar nicht darum? Richtig, jedenfalls nicht nur oder primär. Ihm geht es um die Kunst und um die Musik.

Der Konflikt zwischen Dylan und Baez dauert lange. 1972 schreibt Baez den Song „To Bobby", eine Art offener Brief an ihren engen Weggefährten und Musikerkollegen. „Hörst du die Stimmen in der Nacht?", fragt sie ihn und behauptet: „Sie rufen nach dir!" Mit den grausamen Bildern aus dem Vietnamkrieg im Kopf setzt sie ihn unter moralischen Druck, seine Stimme für die Antikriegsbewegung zu erheben: „Sieh die Kinder in der Morgendämmerung, sie sterben. Niemand kann es so wie du sagen!" Doch Dylan hat andere Visionen. Ganz mit dem Folk brechen will er zwar nicht, schließlich ist der die Wurzel seines Lebensgefühls. Aber er möchte andere Musik machen.

Keine Lust auf Politik

In Europa und jetzt auch in den USA feiern die Beatles größte Erfolge. Ihre Musik inspiriert Dylan, auch lernt er die vier Liverpooler Mega-Stars persönlich kennen. Auf seinem neuen Album „Bringing it All Back Home" spielt Dylan einige Songs nun mit Band. Zum Beispiel „Love Minus Zero/No Limit" („Liebe minus Null/Kein Limit"), ein

Liebeslied an eine geheimnisvolle Frau, die „weiß: Es gibt keinen Erfolg wie das Scheitern, und das Scheitern ist gar kein Erfolg" – „She knows there's no success like failure and the failure's no success at all".

Mit „Mr. Tambourine Man" gelingt Dylan ein weiterer eingängiger Song, der in der Version der Band „The Byrds" zum Hit wird. Offenkundig beschreibt Dylan darin Drogenerfahrungen.

Überhaupt, die Drogen scheinen Dylans Dichtkunst ins Surreale zu bewegen. Im Lied „Gates of Eden" knüpft er an den in der Bibel beschriebenen „Sündenfall" an: Das Verlangen nach der Erkenntnis von Gut und Böse hatte zur Folge, dass Gott die Menschen aus dem Garten Eden verbannte; die schwer bewachten Paradies-Tore sind für immer verschlossen. Dylan sieht in einer Art Traumbild das trostlose und gewaltvolle Leben jenseits des Paradieses. Gleichzeitig beschreibt er das Paradies als Ort, an dem es keine Sünden und keine Prozesse gibt und sich die Frage nach der Wahrheit gar nicht stellt. Viele Songs des Albums wirken wie Spiegel der verstörten Seele Bob Dylans – poetisch kunstvoll aufbereitet. „It's Alright Ma (I'm Only Bleeding") ist ein Monolog eines an der Welt mit ihren Widrigkeiten und Zweideutigkeiten verzweifelnden jungen Mannes. Auch das Thema Glaube kommt darin vor: In einem Wirklichkeitsalbtraum ballern „menschliche Götter" herum, im Dunkel glühen „fleischfarbene Christusse", „es ist leicht zu erkennen, dass nicht viel wirklich heilig ist". „Meine Augen kollidieren mit vollgepfropften Friedhöfen, falschen Göttern ..." Fast irre wird der Sänger an der Realität – um dann seine Mutter zu beruhigen: „Ist schon gut, Ma, so ist halt das Leben."

Als das Album erscheint, zeigt sich die Folk-Szene entsetzt und bezichtigt Dylan des Verrats, da er nun ins Pop-Genre gewechselt sei. Der Konflikt kocht hoch, als Dylan sich beim Newport-Festival im Mai 1965 spontan entschließt, einige Songs mit der Paul-Butterfield-Blues-Band zu präsentieren. Er selbst tauscht seine akustische gegen eine elektrische Gitarre. Das Publikum ist verdutzt – erstens ist Dylan bislang stets solo aufgetreten, zweitens ist der Sound grottenschlecht. Nach drei Songs verlassen Dylan und die Band unter Buh-Rufen die Bühne. Kurz darauf kommt Dylan alleine wieder. Mit Gitarre und Mundharmonika spielt er weitere Songs – auch „It's All Over Now, Baby Blue", das sowohl als Abschiedslied an eine Geliebte verstanden werden kann als auch als Signal ans Publikum, Neues zuzulassen: „Etwas ruft nach dir ..., zünde ein neues Streichholz an und beginne von vorn!" Auch auf seiner anschließenden Tournee durch England reagiert das Publikum nicht nur begeistert. Die hartgesottenen unter den Dylan-Fans wollen nicht akzeptieren, dass sich ihr Idol weiterentwickelt. Bei einem Konzert in Manchester ruft ihm jemand „Judas!" zu. Viele suchen in ihm auch immer noch eine Art Führungsgestalt. „Ich sagte ihnen, sie sollten keinen Anführern folgen, sondern auf die Parkuhren achten", blickt Dylan später zurück, „die Illustrierten haben diesen Schwachsinn verbraten, dass Dylan, die Beatles, die Stones, dass wir alle Anführer sind. Und weil ich da raus wollte, fingen sie an, auf mir rumzuhacken. Aber wer hätte solche Erwartungen erfüllen können? Ich hatte mit Politik nichts im Sinn. Ich wollte davon nichts wissen."

Opferung auf dem Highway 61

Dylan bleibt auf seinem Weg und legt nach – es geht noch rockiger: Am 30. August 1965 schon erscheint das nächste Album „Highway 61 Revisited". Damit ist die Transformation vom Folk-Gitarristen zum Blues-Rock-Musiker gelungen. Treu bleibt sich Dylan im Rückbezug auf die musikalischen Traditionen Amerikas, zu denen neben dem Folk auch der Blues gehört. Auch seine Texte bleiben anspruchsvoll.

Im Titelsong verbindet er eine biblische Geschichte auf verblüffende Weise mit seinem eigenen Leben. „Das Opfer Abrahams" wird die Episode aus dem 1. Buch Mose 22 oft überschrieben. Darin wird erzählt, Gott habe Abraham aufgefordert, er solle seinen einzigen Sohn Isaak opfern. Abraham gehorcht und führt Isaak eines Morgens in die Wüste, legt ihn auf einen Felsen – und erst in letzter Sekunde verhindert ein Engel, dass er seinen Sohn tatsächlich tötet.

Diese Geschichte verlegt Dylan aus der Wüste Morija auf den „Highway 61", der von seiner Heimatstadt Duluth nach Süden führt, durch viele der Musikstädte Amerikas: St. Louis, Memphis, New Orleans. Und: Dylan versucht, die Tragik und Tiefsinnigkeit der Geschichte mit Humor zu entschärfen. Wenn Gott mit Abraham spricht, klingt das lapidar wie in einem Hollywood-Western oder Mafia-Film: „Oh God said to Abraham, ‚Kill me a son' / Abe says, ‚Man, you must be puttin' me on' / God say, ‚No.' Abe say, ‚What?' / God say, ‚You can do what you want Abe, but / The next time you see me comin' you better run'. Well Abe says, ‚Where do you want this killin' done?' God says,

'Out on Highway 61'." Dann bricht die Geschichte in Dylans Song ab, ob es zu der Opferung oder zum Happy End kommt, bleibt offen.

So leichtfüßig der Dialog im Straßenjargon wirkt – eine wesentliche Veränderung der biblischen Geschichte gibt es, aus der man einen tieferen Gedanken ableiten könnte. Während Abraham der Bibel zufolge schweigend Gottes grausame Forderung erfüllt, reagiert Dylans „Abe" sehr menschlich und sagt: „Mann, du verarschst mich doch!" Daraufhin entspinnt sich ein kurzweiliger Dialog auf Augenhöhe. „Nein", antwortet Gott. Abraham kann es nicht fassen und hakt nach: „Was?" Da antwortet Gott: „Du kannst dich winden, wie du willst – das nächste Mal, wenn du mich kommen siehst, machst du dich besser aus dem Staub!" „Und wo möchtest du, dass das Schlachten stattfindet?", fragt Abe und erhält die Antwort: „Auf dem Highway 61!" Eine eigenwillige Art, mit der Bibel umzugehen. Entwürdigt Dylan hier den Stammvater und einen Schlüsseltext der jüdischen wie christlichen Kultur? Eher nicht. Dylan kostet die künstlerische Freiheit aus, biblische Geschichten literarisch fantasievoll und ohne Rücksicht auf irgendjemandes religiöse Gefühle zu verändern. Er lässt der Interpretation so viel Raum, dass man diese erste Strophe des Songs auch als biografische Notiz deuten könnte. Dylans Vater hieß Abe und war nicht angetan vom Berufswunsch seines Sohnes Bob. Will Dylan vielleicht auch sagen, dass der Weg zur Verwirklichung der eigenen Bestimmung über die Gefahr der Tötung laufen muss? Ist Dylans Umgang mit dem Bibeltext eine humorvolle Kritik an einer „Gehorsamsethik", wie sie in orthodoxen jüdischen wie christlichen Kreisen gepflegt wird?

Dylan ist nicht der einzige jüdische Künstler, der diesen Bibeltext aufgreift. Auch zwei weiteren Kreativen seiner Generation hat die Geschichte der Opferung Isaaks keine Ruhe gelassen. Sie deuten sie je auf ihre Weise.

Der eine: Leonard Cohen, fünf Jahre älter als Dylan, aber noch nicht so lange im Musikgeschäft wie dieser. Cohen macht aus der Geschichte ein ernstes, tiefschürfendes Opus. In seinem Lied „The Story of Isaac" schlüpft er 1969 in die Rolle des Isaak und stellt sich vor, wie eines Morgens sein Vater ins Zimmer kommt und mit eiskalter Stimme sagt: „Ich hatte eine Eingebung. Du weißt: Ich bin stark und heilig, ich muss tun, was mir gesagt wird!" Dann muss Isaak mit seinem Vater in die Berge ziehen. Abraham hat eine goldene Axt dabei. Mitten in der Wüste halten sie an, Abraham baut einen Altar und sieht sich um: Alles sicher, hier wird Isaak nicht fliehen können. Als Abraham seine Hand mit der Axt hebt und Isaak schlachten will, hält er zitternd inne – kein Engel, sondern die „Schönheit des Wortes" hat ihn von der Bluttat abgehalten.

Cohen verbindet die Geschichte mit einer Mahnung. Es ist 1969, der Vietnamkrieg tobt und fordert auf allen Seiten unzählige Tote und Verletzte. Der Krieg weitet sich auf Kambodscha aus. Bilder von Kindern, die durch amerikanisches Giftgas schrecklich leiden, lassen die Menschen am Sinn des Krieges zweifeln. Cohens Lied über die Geschichte Isaaks ist vor diesem Hintergrund ein eindrücklicher Kommentar. Streng wie ein biblischer Prophet geht er mit den Kriegstreibern ins Gericht. „Ihr, die ihr solche Altäre jetzt baut, um Kinder zu opfern: Hört auf damit!"

Der andere Künstler ist der Komiker und Filmemacher Woody Allen, ein Jahr nach Leonard Cohen geboren. Mit der ihm eigenen Ironie entlockt er der Geschichte von Abraham und Isaak neue Tiefen. Er lässt Abrahams Frau Sarah mitdiskutieren. Woher er denn wisse, dass es wirklich Gottes Stimme gewesen sei, fragt sie Abraham; der wiederum findet keine Antwort – außer, dass es eine unfassbar „tiefe und klangvolle Stimme" war. „Und du bist willens, diese Tat auszuführen?", fragt Sarah ihn. Abraham antwortet naiv: „Das Wort des Herrn infrage zu stellen, ist das Schlimmste, was jemand tun kann!"

Also zieht er mit Isaak in die Wüste, legt seinen Sohn auf den Opferaltar und hebt das Messer. Im letzten Moment hält Gott seine Hand fest und fragt: „Wie konntest du so etwas tun?" Abraham ist verblüfft, will wissen, ob denn sein Gehorsam nicht ein Beweis seiner Liebe zu Gott sei?! – „Das beweist nur, dass einige Menschen jedem Befehl folgen, ganz egal, wie kreuzdämlich er ist, solange er von einer wohlklingenden, melodischen Stimme kommt", erwidert Gott. Woody Allens Botschaft ist klar: Niemand kann sich sicher sein, ob wirklich Gott zu ihm spricht.

Cohen, Dylan und Allen: jüdische Künstler, die zu den erfolgreichsten und wirkmächtigsten unserer Zeit zählen und die allesamt ihre jüdischen Wurzeln nicht verleugnen, sondern in kreativer Weise fortschreiben. Es ist erstaunlich und liegt womöglich in der diskussionsfreudigen jüdischen Tradition begründet, dass sie auf so unterschiedliche Weise mit den eigenen Erzählungen auch selbstkritisch umgehen.

Neubeginn

Im „Tombstone-Blues", der ebenfalls auf Dylans Album „Highway 61 Revisited" erscheint und sich auf einen Ort in Arizona bezieht, geht seine Fantasie offensichtlich mit ihm durch. Viele biblische Gestalten versammelt er hier: Isebel, die baalsgläubige Frau des israelitischen Königs Ahab (2 Könige 9); Johannes den Täufer; einen „König der Philister" und Delila, die den scheinbar unbesiegbaren Simson entmachtete. Auch im Song über die „Desolation Row", die „Straße der Trostlosigkeit", tummeln sich biblische Gestalten, etwa Kain und Abel, der barmherzige Samariter und Noah. Dylan zeigt sich als Bibelkenner. Nicht zuletzt spielt auch der größte Hit seiner Karriere, „Like a Rolling Stone", auf ein biblisches Armutsideal an: „Wenn du nichts hast, hast du nichts zu verlieren!"

Neubeginn steht auch privat für Dylan an: Am 22. November 1965 heiratet er geheim Sara Lowndes, die als Model und Schauspielerin arbeitet. Er hatte sie schon 1962 in Greenwich Village kennengelernt; 1964 hatten sie sich weiter angenähert und sich nun entschieden, offiziell ein Paar zu werden – auch unter dem Eindruck von Saras Schwangerschaft. Mit der Hochzeit adoptiert Bob Dylan Saras Tochter Maria. Aus dem eigensinnigen und unsteten Musiker und Traveller wird ein Familienvater. Sie ziehen in ein abgelegenes Haus in der Nähe von Woodstock. Sohn Jesse kommt im Januar 1966 auf die Welt; im Februar bricht Dylan zu einer Welttournee auf, die ihn durch die USA und Kanada, durch Europa und Australien führt.

Im Mai 1966 erscheint „Blonde on Blonde", das erste Doppel-Album der Musikgeschichte. Wieder erklimmt

Dylan die Charts. Er scheint den Zenit seines Erfolgs erreicht zu haben. Doch der fordert seinen Tribut: Dylan nimmt nun auch härtere Drogen als Marihuana. „Man braucht verdammt viel Medizin, um dieses Tempo durchzuhalten", sagt er. Und wird kurz darauf heftig ausgebremst: Er verunglückt mit seinem Motorrad. Wie sehr er dabei in Mitleidenschaft gezogen wurde, wird heiß diskutiert, bleibt aber unbekannt. Jedenfalls ist der Unfall für ihn wohl ein willkommenes Zeichen, kürzerzutreten. In den kommenden beiden Jahren zieht er sich ganz ins Privatleben zurück.

Dylan nutzt die Zeit, um zu sich zu kommen und sich zu besinnen. Dem Album, das nach einer für ihn ungewöhnlich langen Pause im Dezember 1967 erscheint, ist das anzuhören. Es klingt zurückgenommener, reifer – und wieder folkiger als die vorherigen drei grandiosen „Rock-Alben". Der Titel „John Wesley Harding" heizt die „Dylanologen", die sämtliche Lebensäußerungen Dylans bisweilen eigentümlich deuten, zu neuen Interpretationen an. Die Anfangsbuchstaben „JWH" könnten ein Hinweis auf JHWH sein, den hebräischen Namen Gottes. Die des vorherige Albums „Blonde On Blonde" ergeben BOB. Bedeutet das etwa, dass Dylan nun in göttliche Sphären aufgestiegen ist? Tatsächlich enthält das Album 60 Anspielungen auf die Bibel – und damit mehr als alle anderen Alben. „All Along the Watchtower" erinnert an das Buch des Propheten Jesaja, in „The Ballad of Frankie Lee and Judas Priest" geht es um Nächstenliebe, Verrat und Ewigkeit. Eine Art neuzeitlicher Prophet ist „The Wicked Messenger", „Der böse Bote", der vom Volk nicht gehört wird.

Immer wieder am Abgrund

Zwei der Songs der kommenden Jahre stechen besonders hervor.

Für das Album „New Morning" (1970) nimmt Dylan ein bewegendes Gebet an den „Vater der Nacht" („Father of Night") auf. Die drei Strophen klingen wie ein inständiges Lob des Schöpfergottes, sie erreichen eine ähnliche Intensität wie der Sonnengesang des Franz von Assisi (1181/82–1226). Als „Erbauer von Regenbögen im Himmel" bezeichnet Dylan den „Vater der Nacht, Vater des Tags"; er sei auch der Vater „von Einsamkeit und Schmerz" und der, „der die Finsternis wegnimmt". „Vater, den wir sehr feierlich loben", endet der Song, der sich fast wie ein Gospel anhört.

Auch „Knockin' On Heaven's Door" sticht in religiöser Perspektive aus den Songs der 70er-Jahre heraus. Dylan schreibt ihn für den Western „Pat Garrett jagt Billy the Kid", in dem er auch als Schauspieler mitwirkt. Er hatte die Aufgabe, mit einem Song den Tod des Sheriffs, der von Billy The Kid erschossen wird, musikalisch zu illustrieren. Während der Dreharbeiten komponiert er. Seine Idee: Der Sheriff legt kurz vor dem Tod seinen Stern ab, er kann damit nichts mehr anfangen, denn er fühlt sich schon, als klopfe er an die Himmelspforte. In der zweiten Strophe bittet er seine Mutter, seine Waffen zu vergraben, dann klopft er tatsächlich ans Himmelstor. Schnell wird deutlich: Das kurze Lied wandelt seine Botschaft, wenn es außerhalb des Films gehört wird: Es wird zu einem hymnischen, traurigen Antikriegs-Lied mit frommem Hintergrund. Denn aus dem Sheriff wird dann ein Soldat, der auf dem Schlachtfeld fällt und angesichts des Eintritts in das Himmelreich ein Plädoyer für die Vernichtung aller Waffen hält. Damit verbunden überlässt der Song seinen Hörerinnen und Hörern die Beantwortung der Frage, was wohl geschehen wird, wenn Petrus das Himmelstor öffnet: Wird der Soldat einen Platz im Himmel erhalten oder wird er abgewiesen?

Dylan bleibt dem Thema Glaube auf der Spur. Für die nächste Produktion, „Nashville Skyline", nimmt er einen Song mit dem leid- und suchtgeprüften Country-Star Johnny Cash auf und lässt sich auch als Gast in dessen TV-Show einladen. Konzerte gibt er wenige; er scheint sein Privatleben auszukosten. Die Familie wächst, auf Bildern aus dieser Zeit wirkt Dylan ausgeglichen und geerdet. Tochter Anna (1967) und die Söhne Samuel (1968) und Jakob (1969) werden geboren. Für einen seiner Söhne schreibt Dylan ein frommes Segenslied: „Forever Young".

Er habe „nicht zu sentimental" werden wollen, erinnert er sich später: „Die Verse flogen mir zu, in einer Minute war alles fertig." Entstanden ist so eines der eingängigsten, am wenigsten rätselhaften Lieder Dylans. „Möge Gott euch segnen und stets beschützen", beginnt es mit biblischen Worten. Das Lied enthält neben allgemeinen Lebenswünschen viele weitere biblische Bezüge, etwa auf den Traum Jakobs von der Himmelsleiter (1 Mose 28,10) und auf das Jesus-Wort vom Hausbau (Matthäus 7,25). „Möget ihr ein starkes Fundament haben", wünscht Dylan, um auch dann Halt finden, wenn die „Winde der Veränderung" alles umzupusten drohen. Der Wunsch, „für immer jung" zu bleiben, bezieht sich natürlich nicht auf das Lebensalter, sondern ist im übertragenen Sinn gemeint – so wie Dylan es in dem früheren Song „My Back Pages" auf den Punkt gebracht hat: „Da war ich so viel älter, heute bin ich jünger als damals."

„Forever Young" erscheint 1974 auf dem außergewöhnlich erfolgreichen Album „Planet Waves".

Durch einen weiteren für dieses Album geschriebenen (dann aber doch erst später veröffentlichten) Song scheint der Glaube Dylans auf eine andere, hintergründigere Art durch. „Nobody 'Cept You" („Niemand außer dir") ist eine Art Liebesgebet zu Gott, den er allerdings nicht nennt: „Hier gibt es nichts, woran ich glaube – außer an dich. Und es gibt nichts, das mir heilig ist – bis auf dich. Nichts mehr, wofür ich lebe oder sterbe – bis auf dich." Dylan erinnert sich an ein Lied, das er in Kirchen gehört und das ihn immer froh gestimmt habe. Dieses friedvolle und erhabene Gefühl finde er nur bei Gott. Am Ende vergleicht er Gott mit all den Menschen, die ihm begegnen und ihm etwas abverlangen: „Jeder will meine Aufmerksamkeit, jeder hat etwas zu verkaufen. Bis auf dich." Gott scheint inmitten des hektischen Alltags und inmitten all der Menschen eine Art Ruheplatz zu sein, eine spirituelle Oase. Dass er Kirchen und nicht Synagogen als seinen religiösen Heimatort bezeichnet, lässt vermuten: Der christlichen Art, an Gott zu glauben, steht er näher als der jüdischen, die ihm von Kindheit an vertraut, aber offensichtlich nicht so tröstlich vorkommt.

Trost braucht er viel im Jahr 1974. Die Ehe mit Sara beginnt zu kriseln. Eine Anspielung auf seinen Gemütszustand findet sich im Song „Going, Going, Gone". Da erinnert er sich an einen biblischen Ratschlag der Großmutter:

1976 bei der „Rolling Thunder Revue"

„Junge, geh und folge deinem Herzen, dann geht's dir am Ende gut. Nicht alles, was Gold ist, muss auch glänzen – du und deine eine wahre Liebe, ihr solltet euch nie trennen!" Gleichzeitig schildert er sich als am Abgrund lebend, „auf dem Gipfel des Endes" – „Ich gehe, ich bin fort."

Mit einem neuen Showprogramm tourt er in den Folgejahren sehr erfolgreich durch die USA: In der „Rolling Thunder Revue" verwirklicht er sich als Musiker und Entertainer, lädt viele Künstlerinnen und Künstler zu Gastauftritten ein. Das Leben auf Tour ist aufregend, kräftezehrend – und bringt alte, überwunden gehoffte Dämonen zurück: Alkohol, Drogen, Sex-Versuchungen.

Das Album „Blood on the Tracks" („Blut auf den Schienen") ist ein Spiegel seiner weiter sinkenden Stimmung – und gleichzeitig seiner Hoffnung, dass ihm jemand „Shelter from the Storm" gewähren möge. In dem Lied mit diesem Titel versetzt er sich in den leidenden Jesus hinein. Als er sich „ausgebrannt vor Erschöpfung" fühlt, trifft er eine nahezu übermenschliche Frau, die ihm verlässliche „Zuflucht vor dem Sturm" verheißt. Sie nimmt ihm „die Dornenkrone" ab. „In einem alten Dorf auf dem Berg spielten sie um meine Kleider", steigert sich Dylan weiter in die Leidensgeschichte Jesu hinein, „ich bot meine Unschuld und erntete nur Hohn".

Eigentlich hatte sich Dylan immer dagegen gesträubt, dass Fans ihm den Status eines Messias verleihen wollten. Jetzt, in dunkler Stimmung, scheint er sich selbst als leidender Gottesknecht zu sehen. Was zeigt: Die religiöse Symbolik, mit der er sich und anderen die Welt erklärt, bezieht er auch auf sich selbst. Vermutlich ist dies schon ein Vorbote der kommenden Ereignisse.

Gospel, Gott und Teufel

Warum der Jude Bob Dylan glühender Christ wurde

Sie verstand nie, worüber ich redete, worüber ich nachdachte, und ich konnte es nicht einmal erklären!" Hart – und ziemlich normal, so ein Satz, wenn Beziehungen zerbrechen. Bob Dylan sprach nach der Trennung 1974 so von seiner Ehefrau Sara. Neun Jahre lang waren sie verheiratet gewesen, waren Eltern für vier gemeinsame Kinder. Immer häufiger und immer heftiger hatten die beiden gestritten. Bob hatte wieder angefangen zu trinken. Schließlich folgte die Trennung. Nach langen Auseinandersetzungen sprach das Gericht Sara das Sorgerecht für alle Kinder zu.

Im Juni 1977 wird die Ehe offiziell geschieden. Die Scheidung nimmt Bob Dylan mit. Ein einst glückliches Liebes- und Familienleben ist kaputt und gehört endgültig zur Vergangenheit. Die Songs, die er kurz darauf schreibt, geben einen kleinen Einblick in das, was ihn beschäftigt. Es sind sentimentale Lieder über die Liebe. „No Time to Think" heißt eines: „Im Tod siehst du dein Leben mit einem Kind und einer Frau – Einsamkeit, Zärtlichkeit, High Society, Berühmtheit – du kämpfst um den Thron, gehst deinen Weg. Zum Nachdenken ist keine Zeit." In einem anderen Song geht es um eine vom Mann verlassene Frau: „Baby, Stop Crying". „Bitte hör auf zu weinen, das zerreißt mich!" „Hängst du so an mir, dass du nicht sehen kannst, dass ich Einsamkeit brauche? Lässt du mich so, wie ich bin?", fragt Dylan im Song „Is Your Love in Vain?" – „Ist deine Liebe nur Schein?"

Über ein Jahr dauert es, bis Dylan seine Band zusammenhat und mit den neuen Songs ins Studio geht. In nur sieben Tagen ist das neue Album „Street Legal" aufgenommen. Als es im Juni erscheint, wundern sich die Fans: Keine Mundharmonika ist zu hören, stattdessen übernimmt ein kerniges Saxophon die Instrumental-Soli. Die Songs klingen rockig und etwas polterig, erklärbar mit der Live-Aufnahme-Situation. Backgroundsängerinnen verleihen ihnen einen Sound, der für Dylan-Produktionen neu ist: Sie klingen gospelig. Wenn die Bläser „Is Your Love in Vain" einleiten, wirkt das fast wie ein Posaunenchor in der Kirche. Und plötzlich legt sich eine spirituelle Decke über die Liebeslieder. „Ist deine Liebe nur Schein?": Ist dieses Lied wirklich an eine Frau gerichtet – oder eigentlich an Gott? Ist der Song also vielleicht ein Werben um Gottes Zuwendung und ein Sehnsuchtsruf nach seiner bedingungslosen Liebe? „Wachwechsel" („Changing of the Guards") heißt der Album-Start-Titel: Deutet der vom Leben und der Liebe gepeinigte Dylan damit einen bevorstehenden Sinneswandel an? Und dann der mysteriöse „Señor", den Dylan nach Jünger-Art fragt, wohin die

Reise gehe und ob er dort etwas Tröstliches finden werde, er ertrage die Ungewissheit nicht mehr. Ist „Señor" hier ein Synonym für Gott oder gar für Jesus? „Street Legal" wirkt wie die Selbstoffenbarung einer verstörten und suchenden Seele auf dem Sprung zu neuen Ufern.

Das Jahr 1978 ist für Dylan auch körperlich aufreibend. Eine Europa-Tournee steht an. Zum ersten Mal wird er auch in Deutschland auftreten. Mit großer Band und im Las-Vegas-Glitterlook steht er auf der Bühne. Die Fans danken es ihm nicht – in der Deutschlandhalle wird er laut ausgebuht. Die Deutschen wollen offensichtlich nicht wahrhaben, dass „ihr" Bob Dylan sich verändert hat und nun die Bühne rockt.

Konzertveranstalter Fritz Rau hat einen weiteren besonderen Auftritt für Dylan arrangiert – auf dem Nürnberger Zeppelinfeld, jenem Ort, an dem die Nationalsozialisten einst ihre Massenreichsparteitage abhielten. Dylan ist die Bedeutung des Ortes bewusst. Statt in Show-Bekleidung betritt die Band in unauffälligem Outfit die Bühne. Am Ende spielt er „The Times They Are a-Changin'", an der E-Gitarre der als „Gitarrengott" gefeierte Eric Clapton. Das Publikum ist zutiefst berührt. Nachts ruft Dylan Fritz Rau an. „Nürnberg hat mich bewegt", sagt er, „was ist da geschehen?" „Wir haben deine Bühne gegenüber Hitlers Bühne aufgebaut", erklärt Fritz Rau, „80 000 vorwiegend Deutsche haben sich dir zugewandt und Hitler den Rücken zugedreht!"

Das silberne Kreuz

Am Ende des Jahres, das ihn um die ganze Welt geführt hat, ist Dylan erschöpft. Doch weitere Konzerte in den USA stehen an. Im November erreicht Dylans Seelenzustand einen Tiefpunkt, er beschreibt das mit dem Wort „hundeelend". Bei einem Konzert in San Diego wirft jemand ein silbernes Kreuz auf die Bühne. Normalerweise lässt er solche Dinge liegen. Jetzt aber sagt ihm irgendwas – irgendwer? –, dass er es aufheben sollte.

Der nächste Tag, die nächste Stadt: Tucson. „Ich brauche echt was heute Abend", sagt er sich, als er allein in seinem Hotelzimmer ist. Aber er weiß nicht recht, was. „Heute Abend brauche ich etwas, was ich wirklich noch nie gehabt habe." Er greift in seine Jackentasche und findet das silberne Kreuz. Später beschreibt er das darauf folgende Erlebnis so: „Da war eine Präsenz im Zimmer, die niemand außer Jesus sein konnte. Jesus hat seine Hand auf mich gelegt. Es war körperlich. Ich habe es gespürt. Ich konnte es am ganzen Leib spüren. Mein ganzer Körper fing an zu zittern. Die Herrlichkeit des Herrn haute mich um und hob mich wieder auf."

Oha. Dieses Ereignis scheint tatsächlich etwas zu sein, was Bob Dylan noch nie in seinem Leben erfahren hat, was alle Alkohol- und Drogenräusche übersteigt. Der Meister der Coolness und Unabhängigkeit liegt danieder und erfährt das, was Millionen „erweckter" Christinnen und Christen vor und nach ihm erlebt haben: eine religiöse Ekstase.

Aus heiterem Himmel ereignet sich das jedoch nicht. Mehrere seiner Musiker stehen in Kontakt mit einer evangelikal-fundamentalistischen Gruppe: der „Vineyard Christian Fellowship“. Dort wird versucht, den christlichen Glauben so zu leben, wie es die ersten Christen taten. Mit Wundern wird ebenso gerechnet wie mit Prophetie, mit spontanen Heilungen wie mit der Gegenwart Gottes in den Versammlungen der Kirche. Übergriffig missionarisch ist die „Vineyard Fellowship“ jedoch nicht. Es wird eher auf die Stimmung in den Gottesdiensten gesetzt. Die Pastoren treten nicht steif und formal im Talar auf, sie versprühen nicht auf den ersten Blick den Mief einer moralinsauren (Pseudo-)Bibelfrömmigkeit. Nein, wenn sie predigen, dann wirkt das eher wie lockeres Entertainment, unterstützt von sogenannten Lobpreisliedern, die live im Mainstream-Pop-Style von Top-Musikern auf der Kirchenbühne gespielt werden. So locker diese Gottesdienste aber auch scheinen: Moralisch sind die Vineyards sehr konservativ. Homosexualität? Ist vom Teufel. Sex vor der Ehe? „Wahre Liebe wartet!“

Und dann gibt es da Mary Alice Artes. Mit der schwarzen Schauspielerin steht Dylan seit 1977 in Kontakt, erwähnt sie sogar auf seinem Albumcover zu „Street Legal“ – kryptisch als „Queen Bee“. Gitarrist David Mansfield, der Dylan einige Jahre lang begleitet hat, lobt sie in höchsten Tönen: „Sie konnte ausgesprochen sexy aussehen und sich ausgesprochen sexy kleiden, ohne je Sex zu verströmen. Aber zugleich war sie eine von diesen richtig kompetenten Müttern, die dich immerzu mit Liebe und Aufmerksamkeit überschütten und dir sagen, was du tun sollst, und dir einen Klaps auf den Hintern geben, damit du in die Gänge kommst und es tust. Sie wäre die perfekte jüdische Ehefrau gewesen."

Mary Alice Artes hatte sich kurz zuvor auch in der Vineyard-Church zum christlichen Glauben bekannt. Offenkundig hat sie den Pastoren dort von dem Jesus-Erlebnis und der Seelsorge-Bedürftigkeit ihres Freundes Bob Dylan erzählt. Die wittern nun Großes: ein seelisch labiler, wohlhabender Superstar auf der Suche nach Erlösung – das könnte für ihre Kirche einige Vorteile bringen, nicht zuletzt medial und finanziell. „Celebrities", Menschen aus der Show-Szene, werden von vielen Kirchen und religiösen Gruppen heiß umworben.

Anfang 1979 trifft sich Dylan mit drei der Pastoren. Sie bieten ihm Hilfe an und beantworten seine Fragen: „Was heißt *Sohn Gottes?*" – „Was bedeutet: *Er ist für meine Sünden gestorben*?" Die Antworten der Pastoren überzeugen Dylan. Sie sprechen Tacheles mit ihm, vermutlich bekommt das Gespräch auch Beicht-Charakter. Denn Dylans Ruhm und weltweitem Erfolg steht ein privater Trümmerhaufen gegenüber, der aufgeräumt werden will.

Dylans Neugier wird durch das Gespräch erst richtig angefacht. Er will mehr erfahren über die Bibel und den christlichen Glauben. Der Wunsch ist so stark, dass er die Vineyard-Bibelschule besucht. Jeden Morgen um sieben Uhr steht er auf, schmeißt sich in seine Lederjacke, setzt die Strickmütze auf und fährt zu den nüchternen Räumen der Vineyard-Church in Los Angeles. Dreieinhalb Monate lang studiert er zusammen mit anderen die Bibel, absolviert einen Intensivkurs über das Leben Jesu – nach Vineyard-Art. Dylan löchert die Lehrer mit Fragen, ist im Stoff den anderen oft voraus. Das Ziel gibt die Frömmigkeit der Vineyard-Church vor: die Wiedergeburt im Heiligen Geist. Die sei schmerzhaft, meint Dylan später. „Es gefällt uns nicht, diese alten Haltungen und Probleme loszulassen. Eine Bekehrung braucht Zeit, weil du erst einmal krabbeln lernen musst, bevor du laufen kannst. Du musst lernen, Milch zu trinken, bevor du Fleisch essen kannst. Du bist neu geboren, aber wie ein Baby. Ein Baby weiß nichts über diese Welt, und so ist es auch, wenn du wiedergeboren wirst. Du bist ein Fremder. Du musst alles noch einmal von vorn lernen. Gott wird dir zeigen, was du wissen musst." „The Times They Are a-Changin'": Dass sich die Zeiten in einer für Dylan ganz und gar unvorhergesehenen Art und Weise ändern können, erfährt er nun am eigenen Leib.

Armageddon

Theologisch spricht ihn besonders ein Thema an: das vermeintlich kurz bevorstehende Jüngste Gericht und die Vorstellung, Jesus Christus werde bald zurück auf die Erde kommen und ein tausendjähriges Reich errichten. Der evangelikale Theologe Hal Lindsey hatte 1970 ein Buch darüber geschrieben: „The Late Great Planet Earth" (deutsch: „Alter Planet, wohin?"). Es wurde ein Bestseller. Lindsey deutete Weltereignisse als biblisch vorhergesagte Vorboten der Wiederkunft Christi. Besonders die Gründung des Staates Israel, die politische Lage im Nahen Osten, aber auch der Islam, der Kalte Krieg zwischen der Sowjetunion und den USA sowie Naturkatastrophen seien sichere Zeichen dafür, dass der prophezeite grauenhafte Endkampf zwischen Gott und Teufel kurz bevorstehe, erklärte er. Die Apokalypse mit ihren im Buch der Offenbarung beschriebenen furchterregenden Ereignissen könne nur überleben, wer auf die richtige Weise an Jesus glaube. Diese Mixtur aus Frömmigkeit, Angstmacherei und billiger Erlösungshoffnung jagt bis heute vielen Menschen wohlige Schauder über den Rücken. Sie veranlasst schwache Gemüter, Sicherheit vorm Untergang in fundamentalistischen Kreisen zu suchen – die meist so schlau sind, die Panik vor den Wirren der Endzeit weiter zu schüren, denn nur so bleiben die verängstigten Schäfchen bei der Stange. Der Endzeitglaube Lindseys und mancher evangelikalen Gruppen kann auch als Weigerung gedeutet werden, Verantwortung für die nur schwerlich in Schwarz und Weiß oder Teufel und Gott einzuteilende komplexe Wirklichkeit zu übernehmen.

Dass Bob Dylan den Drohbotschaften der Endzeitprediger verfällt, hängt wohl auch mit seinen eigenen apokalyptischen Vorstellungen zusammen. In „Hard Rain's Gonna Fall" hatte er sie 1963 erstmals in einen Song gegossen: ein Lied über einen Jungen, der durch albtraumhafte Landschaften wandern muss. Die vagen Vorstellungen Dylans bekommen durch die Verknüpfung mit Hal Lindseys Bibelauslegung eine auf den ersten Blick nachvollziehbare Verankerung. Die nistet sich so stark ein, dass Dylan selbst einen Vortrag vor College-Studenten hält, der wie von Lindsey abgeschrieben wirkt. „Ich sage euch, diese Welt gehört dem Teufel. Er wird der Gott dieser Welt genannt." Dann schwadroniert Dylan darüber, dass Gott Nationen damit strafe, dass er deren Wirtschaft und

Natur zerstöre (so wie in biblischen Zeiten in Babylon, Persien und Ägypten). „Wenn das nichts bringt, lässt er einfach eine andere Nation gegen sie ins Feld ziehen. Eines dieser drei Dinge muss wirken. Nun, Jesus Christus ist dieser sichere Fels. Er soll zweimal kommen. Einmal ist er bereits gekommen. Jetzt wird er wiederkommen. Ihr müsst darauf vorbereitet sein! ... In vielleicht zwei, vielleicht drei oder fünf Jahren, passt auf und seht ... Es wird einen Krieg geben, die Schlacht von Armageddon genannt, einen Krieg, wie ihr ihn euch in euren Träumen noch nie ausgemalt habt." Und sogar in Bühnenansagen erzählt der bisher nicht gerade redselige Dylan den erschrockenen Fans: „Wir wissen, diese Welt, wie wir sie sehen, wird zerstört werden. Christus wird für tausend Jahre sein Reich in Jerusalem errichten; wir wissen, dass das wahr ist."

Slow Train Coming

Dylans Glaubensgewissheit schlägt sich auch in seinen Songs nieder. Er widersteht jedoch der Versuchung, simple Lobpreis-Songs zu schreiben, die im Vineyard-Gottesdienst die Gläubigen zu emotionalen Jesus-Erlebnissen führen könnten. Dylan bleibt seinem Niveau treu und verpackt seinen neuen Glauben in dichte, kunstvoll verwobene Texte. Sie kreisen um christliche Themen, doch Dylan will hier nicht missionieren. Er möchte lediglich davon erzählen, was ihm passiert ist und welche Folgen das für sein Denken, seinen Glauben und seine Sicht auf die Welt hat.

Im Frühjahr 1979 sind seine neuen Songs aufnahmereif. Dylan sucht sich hervorragende Musiker. Kurz zuvor hat er die englische Newcomer-Band Dire Straits gehört; angetan vom Spiel des Gitarristen Mark Knopfler, lädt er ihn ein; der wiederum bringt den Dire-Straits-Schlagzeuger Wilson Pickett mit. Die beiden Musiker sind Garanten für seelenwärmenden swingenden Blues-Rock.

Als im August 1979 die LP „Slow Train Coming" erscheint, überschlagen sich die Kritiker mit Lobeshymnen – was die Musik anbelangt. Der etwas raue Sound der Vorgängerproduktion „Street Legal" ist überwunden. Über einen bassigen Groove und die coolen Gitarrenriffs Mark Knopflers, sparsam angereicht mit Bläsersätzen, legen sich die packenden Stimmen von Gospel-Backgroundsängerinnen und die überraschend weiche Stimme Bob Dylans.

Auf dem Cover ist ein Lieblingsmotiv Dylans zu sehen: ein Güterzug, gezogen von einer Dampflok. Arbeiter legen die Schienen, auf denen der Zug weiterfahren kann. Der Arbeiter im Vordergrund schwingt eine Spitzhacke in Kreuzform: ein deutlicher Hinweis auf das Thema, das Dylan gerade am meisten bewegt. Die Gerüchte über seine Konversion sind damit bestätigt. „Dylan und Gott: Jetzt ist es offiziell!", titelt eine Musikzeitschrift hämisch. Dass der Meister des Eigensinns seinen Meister in Jesus gefunden haben soll, ist Kritikern fremd und sorgt mal für Empörung, mal für spöttisches Lächeln.

Dennoch: Die Musik auf „Slow Train Coming" überzeugt. Einige loben die LP gar in den Himmel, sie sei das beste Dylan-Album seit Langem. Der erste Song, „Gotta Serve Somebody", fragt auf satten Funky-Bassläufen:

Wem dienst du eigentlich – dem Teufel oder Gott? Diese Frage sollten sich alle stellen, völlig unabhängig vom sozialen Status, egal ob Geschäftsmann oder Arbeiter, ob reich oder arm, ob Intellektueller, Obdachloser oder Rock'n'Roll-Junkie. Der Titelsong „Slow Train Coming" wirkt wie eine christliche Neuauflage des Songs „The Times They Are a-Changin'". Langsam kündigten sich gewaltige Umwälzungen an, verkündigt Dylan mit zornig-gospeliger Stimme. Er nennt Hinweise: Während hier Nahrungsmittel vernichtet würden, hungerten andernorts Menschen zu Tode. Selbstsucht und Heuchelei gewännen die Oberhand. Brüderliche Liebe werde gepredigt, aber nicht gelebt. „When You Gonna Wake Up", „Wann wacht ihr endlich auf?", fragt Dylan im nächsten Song. Er klagt die Herrschaft des Geldes an und erklärt, die Menschen würden „spirituellen Beratern und Gurus" nachlaufen und Gott nur dafür benutzen, die eigenen Sehnsüchte zu befriedigen. „Habt ihr eigentlich eine Vorstellung davon, warum oder für wen Jesus am Kreuz starb?", fragt er inbrünstig. In einem anderen Song bekennt er, er wolle seine Einstellung ändern („Gonna Change My Way of Thinking"). Wer das Königreich der Himmel kenne, für den seien Coolness und Selbstverwirklichung passé. „I Believe in You" spiegelt seinen Zustand wider: „Sie schmeißen mich raus, weil ich nicht so bin, wie sie mich möchten. Ich geh meinen Weg, tausend Meilen von zu Hause. Aber ich fühl mich nicht allein, denn ich glaub an dich." In „Precious Angel" geht es um einen „kostbaren Engel", der einem die eigene Verblendung aufzeige: „Du bist die Königin meines Fleisches, Frau, meine Wonne. Du bist das Licht meiner Seele, und du machst meine Nächte vollkommen." Offensichtlich besingt Dylan hier zugleich jene Frau, in der er einen Engel erkennt: Mary Alice Artes, die ihn mit der Vineyard-Church in Kontakt gebracht hat. So gut die Songs musikalisch auch sind, so inbrünstig Dylan sie auch vorträgt, so exzellent die Musiker sind – das alles täuscht nicht darüber hinweg, dass sein Glaube Dylan auf eine seltsame Art oberflächlich macht. Seine Fantasie, die sich bisher im freien Lauf ergangen hat, ist nun auf *ein* Thema fokussiert: den Glauben. Das beschneidet merklich die überbordende Kreativität, die seine bisherigen Songtexte auszeichnete. Da präsentierte er sich stets als Suchender, dem die Werte der Folk-Welt wichtig sind, die ihm Orientierung beim Weg durch das Dickicht des Heute geben. Jetzt will er plötzlich einer sein, der gefunden hat. Bislang war er körperlich wie seelisch ständig *on the road*, hat das Unterwegssein als wesentliches und trotz aller Entbehrungen großartiges Lebensgefühl bezeichnet, nach dem Motto: „Der Weg ist das Ziel." Ankommen hieß für ihn immer nur, einen Zwischenhalt einlegen; etwas erleben und weiterziehen, -fahren, -reiten. Nun singt er davon, dass seine Sehnsucht ein unüberbietbares Ziel gefunden habe. Unglaublich. „Wir haben es mit einer wirklich üblen Sache zu tun", kommentiert der US-Kulturkritiker Marcus Greil. Schon immer habe Dylan religiöse Songs gemacht, allerdings, „um eine Vision dessen zu entwickeln, worum es in der Welt geht". Mit seinen neuen Songs wolle er „eine religiöse Doktrin an den Mann bringen, die er von jemand anderem empfangen hat". Die Songs, so formuliert er drastisch, seien „monolithisch: Jesus ist die Antwort, und wenn du das nicht glaubst, bist du am Arsch". Dylans

„übernommene Wahrheiten bedrohen den Ungläubigen nie, sie machen nur die Seele frösteln, und das rührt daher, dass er eine überaus simple und entartete Version des amerikanischen Fundamentalismus offeriert". Viele Journalisten und Fans fühlen sich vor den Kopf gestoßen. Dass Stars ihren Glauben bekennen, ja, das gibt es: Johnny Cash, Cliff Richards, Van Morrison. Aber dass ein Top-Star, ausgerechnet der freiheitsliebende Einzelgänger Bob Dylan, eine dermaßen radikale Kehrtwendung macht, das überrascht. Der Musikjournalist Hugh Fielder versucht in einem Beitrag in „Sounds" zu verstehen: „Man kann über Dylans religiöse Bekehrung herumdebattieren, bis der Arzt kommt, aber wenigstens steht der Mann endlich wieder für etwas ein." Fielder plädiert für Gelassenheit: Dylan „hat mit dem Geschwafel und den Andeutungen aufgehört und klar ausgesprochen, was für ihn im Augenblick das Wesentliche ist. Das religiöse Element muss dabei nicht mehr stören, als man sich davon stören lässt".

Nach Erscheinen des Albums bricht Dylan zur Tournee auf: 70 Konzerte quer durch die USA. Als „Gospel-Tour" oder „Born-Again-Tour" geht die Reise in die Dylan-Biografien ein. Vor den Auftritten betet er mit seiner Band und bittet um Gottes Beistand für den Abend. Fans erleben einen veränderten Dylan: Er spielt keinen einzigen seiner alten Songs, stattdessen präsentiert er seine gerade erschienenen Glaubenslieder, ergänzt durch bislang unveröffentlichte Songs. Sogar die Vorstellung der Band nutzt er für ein Glaubenszeugnis: „Gott sei heute Abend Preis und alle Ehre. Wir glauben an einen Gott, der die Toten auferwecken kann." Das Konzertpublikum ist vor den Kopf gestoßen, einige verlassen den Saal, andere buhen Dylan aus. Einmal kommt auch Vineyard-Pastor Ken Gulliksen in ein Konzert; obwohl er kein Rockmusik-Fan ist, möchte er den frisch bekehrten Dylan live erleben. Er wundert sich: Den Geruch im Auditorium kennt er nicht: „Jeder rauchte Joints", erzählt er später, „in der Mitte des Konzerts sagte ich meiner Frau: ‚Ich fühl mich komisch und schwindlig!'"

Dylan bleibt trotz der Unmutsbekundungen des Publikums cool und meint, schließlich seien auch schon Miles Davis, Hank Williams und Strawinsky ausgebuht worden. Auch dass er nun als „wiedergeborener Christ" abgestempelt wird, lässt ihn relativ kalt. Ihm sind schon so viele Etiketten angehängt worden, dass dieses neue auch keine Rolle mehr spielt.

Dylans neuer Glaube sorgt auch bei seiner Mutter in Hibbing für Irritation. Sie macht ihm Druck und hinterfragt Bobs Entscheidung für Christus, schließlich sei er Jude. Sie bittet ihn, ein Gespräch mit Rabbinern zu führen. Dylan willigt ein, er möchte auch den jüdischen Theologen eine Chance geben. Er trifft sich mit einigen angesehenen orthodoxen Rabbinern – unter anderem mit dem sehr einflussreichen und populären Rebbe Menachem Schneerson (1902–1994) aus Brooklyn. Mal treffen sich die Rabbiner mit dem abtrünnigen Sänger im Studio, mal unterwegs auf Tour. Sie studieren die Thora mit ihm. Doch offensichtlich findet Dylan den christlichen Glauben anziehender. Vorerst.

Errettet?

Auch seine neuen Glaubenssongs will Dylan veröffentlichen. Mehrere Studio-Sessions folgen, im Juni 1980, gleich nach der „Gospel-Tour", erscheint das Album „Saved" – „Errettet".

In den Texten wirkt Dylan noch überzeugter. „Ich war geblendet vom Teufel", singt er, der Geist des Herrn habe Heilung und Erlösung gebracht. „Ich wurde gerettet durch das Blut des Lammes. Und ich bin so froh", fährt er im peitschenden Gospelrock-Rhythmus fort, assistiert von Background-Gospelsängerinnen. Er sei aus der Hölle befreit worden, bekennt Dylan, „keiner hätte mich gerettet, mit mir ging's zu Ende". Das klingt, als habe Dylan tatsächlich größte Seelenqualen hinter sich. Der Song „Covenant Woman" handelt von einer von Gott geschickten „Glaubensschwester", die ihn in ihre Gebete einschließt. Immerhin kenne sie die „geheimsten Dinge" seines Lebens, die er vor der Welt stets verberge. Nun habe er – wie sie – einen Bund mit Gott geschlossen. Er klammere sich an einen starken Fels („Solid Rock"), der älter als das Fundament der Welt sei. In „Pressing on" berichtet Dylan von Zweiflern, die Zeichen und Beweise dafür verlangen, dass es Gott wirklich gebe. „Was für Zeichen wollen sie denn, wenn ich es doch im Inneren spüre?" Mit „In The Garden" singt Dylan einen beeindruckenden bibelorientierten Jesus-Song. Von dem Jesus im Hobo-Stil, wie er ihn von Woody Guthrie kannte, ist Dylans neues Jesus-Bild inzwischen meilenweit entfernt. Nun kennt er die Evangelien, versteht mehr vom tieferen Sinn all der biblischen Geschichten und erfährt, dass der Glaube an Jesus existenziell sein kann und dann die tiefsten Schichten der Persönlichkeit berührt. In „Saving Grace" bekundet er das nochmals. „Es gibt nur einen Weg, und der führt nach Golgatha", singt Dylan. Im Schluss-Titel „Are You Ready" fragt er direkt: „Seid ihr bereit, Jesus zu begegnen?" Die letzten Zeilen des Songs und damit auch des Albums gelten dem Jüngsten Gericht: „Seid ihr bereit für das Jüngste Gericht? Seid ihr bereit für das schreckliche Schwert? Seid ihr bereit für Armageddon? Ich hoffe, ihr seid bereit!"

Das kitschig wirkende Cover könnte auch eine Missionsschrift der Zeugen Jehovas oder einen drittklassigen Fantasy-Roman zieren: Eine blutige Hand – sie soll Jesus gehören – ragt von oben ins Bild und berührt den Zeigefinger einer von mehreren Händen, die sich ihr sehnsüchtig entgegenrecken. Es ist eine grafisch sehr simple Comic-Variante des weltbekannten Deckengemäldes „Die Erschaffung Adams" aus der Sixtinischen Kapelle. Will Dylan hier absichtlich überzeichnen – oder sieht er seine Errettung tatsächlich so plakativ? Ist die Einfältigkeit des Bildes womöglich ein Hinweis darauf, dass Dylan auch in den Songs bewusst und nach afroamerikanischer Gospel-Tradition den Glauben überzeichnet? Immerhin ist zu bedenken: Auch wenn es bei Dylan oft nahezuliegen scheint – Songtexte eins zu eins als Selbstbeschreibungen des Sängers zu verstehen, ist meist unangebracht. Das sogenannte lyrische Ich muss kein exaktes Spiegelbild des Interpreten sein. Andererseits bekundet Dylan in Interviews, er singe über seinen Glauben; die Songtexte sind also irgendwie auch persönliche Statements.

Es sind ja ganz offensichtlich Themen und Fragen, die ihn tief bewegen. Denn auch in den Bühnenansagen seiner Tour tritt er als Prediger auf, inzwischen unverkennbar missionarisch. „Der Teufel ist bereits besiegt", ruft er ins Publikum, „ihr braucht das nur noch anzunehmen und mit dem Heiligen Geist getauft zu werden. Ihr werdet die Kraft haben. Ich spreche nicht von der Wassertaufe, ich spreche von der Taufe mit dem Heiligen Geist." Dylan begründet, weshalb er die Menschen mit biblischer Wucht vor die Entscheidung stellt: „Wenn Leute nicht bedroht und herausgefordert werden, dann werden sie nicht konfrontiert, müssen nie eine Entscheidung treffen, sie beziehen nie einen Standpunkt, sie wachsen nie." Dylan will aufrütteln wie einer der alten Propheten – was zu sein er stets ablehnt, schließlich erzähle er nur von Jesus und von seinen eigenen Gefühlen.

Das alles heizt seine Kritiker an und empört seine Fans noch mehr. Mit seinen beiden christlichen Alben habe Dylan „sein Christentum in die Welt hinausposaunt", kommentiert U2-Sänger Bono verständnisvoll, „aber für mich klingt das nach einem aufrichtigen Hilferuf. Ich weiß nicht, ob er damals wirklich in der Klemme steckte, aber es hört sich ganz danach an". Leonard Cohen dagegen zählt Dylans Lieder dieser Zeit „zu den schönsten Gospelsongs, die je geschrieben worden sind". Gleichwohl ist der ebenfalls jüdische und spirituell experimentierfreudige Cohen über Dylans radikale Glaubensentscheidung verstört: Das „brachte Leonards Welt wirklich ins Wanken", erzählt Cohens Backgroundsängerin Jennifer Warnes. Er „tigerte durch die Räume, rang die Hände und sagte immer wieder: ‚Ich verstehe das nicht. Ich verstehe es einfach nicht. Wieso entscheidet er sich zu einem so späten Zeitpunkt für Jesus? Die ganze Jesus-Sache verstehe ich nicht.'"

Shot of Love

Der Glaube beflügelt offensichtlich Dylans Kreativität. Unentwegt schreibt er neue Songs, die er zwischen weiteren Konzerten aufnimmt. Im August 1981 erscheint „Shot Of Love", „Ein Schuss Liebe", das als sein drittes Gospel-Album gilt. Das Cover sieht wieder wie einem Comic entnommen aus, diesmal wie eine Explosionsblase. „Ich brauch' kein Heroin, keinen Whiskey – ich brauch' einen Schuss Liebe", singt Dylan im hämmernden Bluesrock-Titelsong. Das sei sein „perfektester Song", meint er 1983 in einem Interview.

Wie eine bitter-ironische Replik an alle, die seinen Glaubenswandel belächeln, wirkt „Property of Jesus", „Eigentum Jesu": Dylan zitiert hier viele Urteile und Anfeindungen, die auch ihn erreichen, etwa dass er den gesunden Menschenverstand verloren habe und weltfremd sei.

In den weiteren Songs klagt er den Zustand der Welt an („Trouble"), warnt vor der Macht des Teufels („Dead Man, Dead Man") und setzt der „reinen Liebe" ein musikalisches Denkmal („Watered-Down Love").

Höhepunkt des Albums ist der Song „Every Grain of Sand". Er sei ihm „eingegeben" worden, erklärt Dylan, „es war gar nicht so schwer. Ich hatte das Gefühl, Worte zu schreiben, die von anderswo zu mir kamen. Ich setzte sie nur zusammen". Entstanden ist so ein sechsminütiger modern-romantischer Dankes-Psalm, eine Art Lebensbeichte, die aus großem Gottvertrauen Hoffnung bezieht: Inmitten eines Tränenmeeres wird eine „innere Stimme" hörbar und „des Meisters Hand" erkennbar. Wieder greift Dylan das Bild einer Lebensreise auf, während der er begreift, „dass jedes Haar gezählt ist wie jedes Körnchen Sand". In poetischen Worten singt Dylan vom „bitteren Tanz der Einsamkeit, der sich im All verliert". „Manchmal dreh ich mich um, dann sehe ich jemanden, dann wieder nur mich." Zu dem Text spielt die Band balladesk in kleiner Besetzung, Dylan glänzt mit einem Mundharmonika-Solo. So entsteht einer seiner eindringlichsten Songs. „Every Grain of Sand" „ist wohl das Äußerste, was sich in der Popmusik erstreben lässt", lobt U2-Sänger Bono den Song. Ähnlich äußert sich Bruce Springsteen. Sängerin Sheryl Crow meint, dies sei „der erste religiöse Song, den ich gehört hab, der alle Religionen durchdringt. Er stellt die universellen Fragen, die alle Menschen dazu bringen, nach Gott zu suchen: Dazu gehören die Ewigkeit und der Tod". Crow singt das Lied 2003 auf der Trauerfeier für Johnny Cash.

Als Gesamtalbum war „Saved" ziemlich verrissen worden, „Shot of Love" ergeht es ähnlich. In der Folge muss Dylan die bittere Erfahrung machen, dass das Konzertpublikum seine frommen Songs mit Wegbleiben quittiert. Oft bleiben nun Stühle leer. Dylan ist angestrengt und trifft 1981 eine weitreichende Entscheidung: Er nimmt wieder alte Songs in seine Shows auf: „Blowin' in the Wind", „Mr. Tambourine Man" und andere alte Hits, die ja immer noch zu ihm gehören, das weiß er selbst und das weiß sein Publikum.

Dennoch fragen ihn Journalisten immer wieder, was denn das solle, sein Gerede von Gott und dem Teufel. Er antwortet dann unaufgeregt: „Das war alles Teil meiner Erfahrung. Es musste so kommen. Wenn ich mich auf etwas einlasse, dann lasse ich mich total drauf ein. Ich spiele nicht am Rand herum." Außerdem weist er es von sich, dass sein Glaube etwas mit Religion zu tun habe. „Es gibt so viele Religionen. Manche Religionen sagen, dass man mehrere Male lebt. Manche Religionen sagen, man kommt wieder. In anderen Religionen sitzt man einfach da und starrt an die Wand, und man findet totalen Frieden. Na und? Jesus ist keine Religion. Ich könnte tagelang darüber reden." Es tue ihm auch nicht sonderlich leid, „den Leuten gesagt zu haben, wie ihre Seelen gerettet werden können. Wer immer das aufschnappen sollte, hat es aufgeschnappt. Aber vielleicht ist einfach die Zeit, dass ich das sagen sollte, für mich gekommen und wieder gegangen. Jetzt ist es Zeit für mich, etwas anderes zu tun ... Jesus selbst hat auch nur drei Jahre lang gepredigt". Nie verleugnet Dylan das, was er in den drei „Gospel-Jahren" erlebte und tat, nie widerrief er. „Ich bin neu auf den heiligen Berg gestiegen, um die verlorene Seele zu finden, die angeblich ein Teil von mir ist", erklärt er später.

Verwunderlich, wie streng einige Dylan-Beobachter den dreijährigen Trip Dylans beurteilen. „Nach den vielen Versuchen einer künstlerischen Neubestimmung in den 70er-Jahren erlaubte es Dylan der Glaube, sich noch einmal als grandios gesteigertes, narzisstisches Ego zu inszenieren, mit allen Kosten und Lasten", psychologisiert etwa der Literaturwissenschaftler Wolfram Ette, „ab 1981 folgte dann der ungeordnete Rückzug." Der Theologe Knut Wenzel meint lakonisch: Dylan sei „durch ein radikales, hocherhitztes evangelikales, pfingstlerisches Christentum gegangen, aber er kommt hinten wieder raus. Dieses Jahrzehnt nach seiner christlichen Phase gilt als sein kreativ-katastrophalstes Jahrzehnt, also: Erlöst war er nicht".

Publizist und Dylan-Buchautor Christof Graf erklärt Dylans Abschied aus der fundamentalistischen Phase damit, „dass er sich doch nicht nur auf eine Konfession oder Religion festlegen kann. Formatierung war nie Dylans Thema, also konnte es auch keine Religion sein, die ihn zu formatieren vermochte, im Gegenteil, er liebte es, das Verhältnis umzukehren und umzuformatieren. Es blieb der Glaube, ja, aber nicht die Religion, oder wenn die Religion, dann die ohne die dazugehörige Institution".

Mit seinem nächsten Album lässt sich Dylan zwei Jahre Zeit. Es trägt den Titel „Infidels", „Ungläubige". Auf dem Cover ist nun wieder er zu sehen, mit Sonnenbrille und ungestylt. Seine Ex-Frau Sara hatte das Foto in Jerusalem gemacht, während der Bar-Mizwa-Feierlichkeiten für den gemeinsamen Sohn Jesse. Auf der Rückseite kniet Dylan auf einem Hügel über der „Heiligen Stadt", im Hintergrund ist die Altstadt Jerusalems mit dem Felsendom zu sehen. Was soll das?, fragen sich viele: Sollte Dylan wieder zu seinen jüdischen Wurzeln zurückgekehrt sein?

Fotos: S. 92 oben: 1963 im Studio.
S. 92 unten: 1998, Roskilde-Festival, Dänemark.
S. 93: ca. 1964.
S. 94: Hamburg, 31.4.1984.

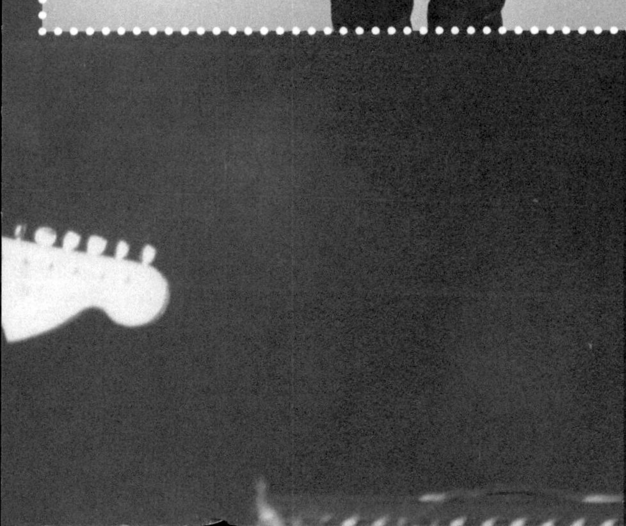

Marshall

Hava Nagila

Bob Dylan und seine jüdischen Wurzeln

„Neighborhood Bully"?! Wen Bob Dylan mit dem wenig schmeichelhaften Begriff „Nachbarschafts-Tyrann" meint, wird beim Hören des Songs ziemlich schnell klar. Wie ein Rätsel baut er ihn auf: „Jedes Reich, das ihn versklavte, ist untergegangen: Ägypten, Rom, sogar das mächtige Babylon." Der „Neighborhood Bully" wurde „aus allen Ländern vertrieben, er wanderte über die Erde als ein Verbannter, sah seine Familie zerstreut, sein Volk gehetzt und zerrissen." Liest man zwischen den Zeilen dieses Songs, so wird sehr bald deutlich: Dylan hat ein Lied über Israels Situation im Nahost-Konflikt geschrieben. Israel, das Land, das „im Wüstensand einen Paradiesgarten erschaffen" und für Wohlstand und Gesundheit gesorgt habe. Offensichtlich ist der Songtitel sarkastisch gemeint, könnte eine Kritik an denen sein, die den Staat Israel über Gebühr kritisieren oder ihm gar das Existenzrecht absprechen.

Bob Dylan ergreift musikalisch Partei für das Land der Juden. Der Song auf dem 1983 erschienenen „Infidels"-

Album wird von jüdischen Medien mit Freude aufgenommen. Viele jüdische Fans meinen in dem Album noch mehr Hinweise darauf zu erkennen, dass Dylan sich nach seiner christlich-fundamentalistischen Eskapade nun vollen Herzens wieder dem Judentum, also seinem eigentlichen Glauben, zuwende. Der jüdische US-Theologe Daniel Maoz vermutet etwa, dass die acht Songs auf „Infidels" die *Sephiroth* spiegeln, einige der zehn Aspekte des Lebensbaums in der jüdischen Mystik. Wenn das stimmte, hätte Dylan geheime kabbalistische Botschaften versteckt. Die These von Maoz, auf neun Buchseiten mit 87 Fußnoten präsentiert, wirkt arg konstruiert – zeigt aber das große Anliegen von jüdischer Seite, sich Dylan quasi zurückzuholen.

Dylan ist zwar von Geburt her einer von ihnen. Aber anders als etwa Woody Allen oder Leonard Cohen thematisiert er seine religiöse Herkunft nicht. Im Gegenteil: Sie ist ihm so unangenehm, dass er sie lange verheimlicht hat.

Schon in jungen Jahren hatte er offensichtlich Probleme mit seiner jüdischen Identität. Als seine Jugendfreundin Echo Helstrom ihn in Hibbing einst fragte: „Bobby, bist du Jude?", habe er „ein komisches Gesicht gemacht", wundert sie sich noch im Rückblick. Auch während des Studienjahres in Minneapolis gab er sich gegenüber seinen Freundinnen nicht als Jude zu erkennen. Hin und wieder stritt er sogar ab, Jude zu sein.

Aus einem 1971 gegebenen Interview lässt sich schließen, dass er den Namen Zimmerman auch deswegen ablegte, weil er nicht sofort als Jude erkannt werden wollte. Der Name „Dylan" war nirgends zuzuordnen. Es wäre

„sinnlos" gewesen, sich zum Beispiel „Bob Levy" zu nennen, merkt er an und beklagt im selben Interview, dass „viele Menschen sich unter Juden nur Geldverleiher und Geschäftsleute vorstellen. Viele denken, dass alle Juden so sind". Seine jüdische Identität scheint Robert Zimmerman also zu schaffen zu machen, nicht zuletzt wegen weitverbreiteter antijüdischer Klischees und pauschalisierender Vorurteile. Im ersten Teil seiner Autobiografie „Chronicles" kommt „Jude"/„jüdisch" nur einmal vor – in einer Erinnerung an seine in Duluth lebende Großmutter, die ihm erzählt habe, „der Papst sei der König der Juden".

Eine Audio-Aufnahme aus dem Jahr 1962 belegt dieses seltsam gespaltene Verhältnis zu seinen Wurzeln. Dylan spielt darin eine kuriose Persiflage des jüdischen Traditionals „Hava Nagila". Seine Version nennt er „Talkin' Hava Negeilah Blues". „Ein fremder Song, den ich in Utah kennenlernte", moderiert er ihn an. Soll das lustig sein? Ist er bekifft? Er spielt ein paar Töne mit der Mundharmonika zur Gitarre, dann singt er die Silben so, als wisse er nicht, wie sie zusammenzusetzen sind: „Ha – va – Hava – na ..." bis er endlich „Hava Nagila" rausbringt. Plötzlich jodelt er wild los, es folgt ein stürmisches Mundharmonika-Solo. Nach 45 Sekunden ist der Spuk vorbei. Was das soll? Vielleicht will Dylan demonstrieren, dass jüdische Musik und amerikanischer Folk nicht zusammenpassen? Will er zeigen, dass er der jüdischen Kultur so fern steht, dass ihm Text und Melodie eines der bekanntesten Lieder seiner eigenen Tradition nicht einfallen? Verhohnepipelt oder verleugnet er gar die eigenen Wurzeln? Aus dem Jahr 1975 ist bekannt, dass er – vermutlich unangemeldet – mit dem Schauspieler Marlon Brando bei einer öffentlichen Seder-Feier in der reformjüdischen Synagoge „Temple Israel of Hollywood" am Hollywood Boulevard auftauchte, seine Gitarre auspackte und „Blowin' in the Wind" sang.

Als 1978 die ersten Gerüchte laut wurden, Dylan sei zum Christentum konvertiert, war das eigentlich nicht überraschend – jedenfalls in der Hinsicht, dass er mit dem Judentum bestenfalls nichts anfangen konnte. Irritierend allerdings war, dass er sich ausgerechnet einer radikalen Gruppierung anschloss. „Dann hätte er doch auch zu uns kommen können", mögen die orthodoxen Rabbiner gedacht haben, die ihn während seiner Gospel-Phase in theologische Gespräche zu verwickeln versuchten. Menachem Mendel Schneerson war ein wortgewandter Mann und Leiter der sogenannten Chabad-Bewegung, auch „Lubawitscher" genannt. Diese Bewegung stand – und steht – dem chassidischen Judentum nahe, also einer mehr der religiösen Erfahrung als dem Schriftstudium zugetanen Version des Judentums. Sie versucht niedrigschwellig, jüdische Kultur und Moral zu vermitteln. Schneerson, liebevoll „Der Rebbe" genannt, war vor den Nazis in die USA geflohen und genoss dort hohes Ansehen. Seine Anhänger waren ihm so zugetan, dass einige in ihm gar den Messias vermuteten. Nach 1981 besucht Dylan einige Vorträge von ihm in der Synagoge in Brooklyn. Offensichtlich hält er Schneersons Ansichten für sehr bedenkenswert. Fotos aus dieser Zeit zeigen, wie er jüdische Gebetsriemen, Tefillin, angelegt hat. Und wie er sich angeregt mit Rabbinern unterhält. Zu vermuten ist, dass sich die Gespräche hauptsächlich um die Frage drehten: War Jesus der von den heiligen Schriften der Juden verheißene Messias? Dylan kennt das Matthäusevangelium gut, in dem auf vielerlei Weise die Messianität Jesu anhand „alt"-testamentlicher Schriften behauptet wird. Ihn scheint das zu überzeugen – allerdings macht er auch Zugeständnisse. 1985 erklärt er: „Ob Sie glauben, dass Jesus Christus der Messias ist, spielt keine Rolle. Aber ob Sie sich des messianischen Themas bewusst sind, das ist wichtig. Menschen, die an das Kommen des Messias glauben, leben ihr Leben jetzt so, als ob er hier wäre."

Ein Jahr später moderiert Dylan seinen christlichen Jesus-Song „In the Garden" mit den Worten an, jetzt singe er ein Lied über seinen „Helden". Gleichzeitig besucht er mit seinem Jugendfreund Louie Kemp, den er aus dem *Herzl-Camp* kennt, Abendgebete in der Synagoge in Duluth. Kemp erinnert sich daran, dass Dylan sich sehr darüber freute, dass einige Menschen dort seine Eltern und Großeltern kannten: „Er genoss es, ihren Geschichten zuzuhören und schien persönlich stolz über den Beitrag zu sein, den seine Familie in der Gemeinschaft geleistet hatte."

Dylans Verhältnis zum Judentum scheint sich zu entspannen. Die Wärme, Klugheit und Empathie des New Yorker Rabbiners Shlomo Freifeld (1925–1990) beeindrucken ihn; mehrfach besucht er dessen Schule, die *Jeschiva Shor Yoshuv*. „Mag es auch draußen dunkel und verschneit sein, in dem Haus ist es warm und hell", soll er nach einem der Besuche im Winter gesagt haben. Auch mit Rabbiner Manis Friedman aus Minnesota spricht Dylan einige Male. „Er stellte gute Fragen", erzählt der Rabbiner später, „aber er wollte sich nicht auf Antworten festlegen."

Im September 1989 tritt Dylan in einer sehr populären jüdischen Fernseh-Spendengala der Chabad-Bewegung auf, im Trio mit seinem Schwiegersohn und dem Schauspieler Harry Dean Stanton. Dylan trägt eine Kippa, die jüdische Kopfbedeckung, und spielt Mundharmonika zu „Hava Nagila" – jetzt aber mit echter Spielfreude und ohne Scherze. Sprechen ihn Journalisten auf sein Judentum an, antwortet er jedoch mitunter gewohnt sarkastisch, einmal sagt er: „Ja, ich habe eine große Nase, aber nicht, weil ich Jude bin, sondern weil ein Teil meiner Vorfahren Cherokee-Indianer waren."

Einen weiteren seltsamen Hinweis auf seine gebrochene Wertschätzung des Judentums gibt er 2006 in Folge 29 seiner „Theme Time Radio Show", in der es um „Essen" geht („Food"). Darin zitiert Dylan einen Ausschnitt aus einer Inschrift der New Yorker Freiheitsstatue, einem Gedicht der jüdischen Schriftstellerin Emma Lazarus (1849–1887): „Gebt mir eure Müden, eure Armen, / Eure geknechteten Massen, die frei zu atmen begehren, / Die bemitleidenswerten Abgelehnten eurer gedrängten Küsten; / Schickt sie mir, die Heimatlosen, vom Sturme Getriebenen, / Hoch halte ich meine Fackel am goldenen Tor." Dann kommentiert er mit lässiger Moderatorenstimme: „Amerika ist ein großer Schmelztiegel. In welchem anderen Land könnte jemand wie Slim Gaillard ein Lob auf Matzeknödel and *Gefilte Fish* singen? Genau so etwas macht mich stolz, ein Amerikaner zu sein. Sing es, Jim!" Dann folgt der schnelle, lustige Jazz-Song von Slim Gaillard (1916–1991) aus den 1940er-Jahren. Wieder ein typischer Dylan? Er liebt das Judentum wegen des köstlichen Essens? Mehr ist es ihm nicht wert? In jedem Fall, so signalisiert er, fühlt er sich mehr als Amerikaner denn als Jude.

Und der Holocaust, die millionenfache Ermordung von Juden während der Nazi-Diktatur? Merkwürdigerweise ist er in Dylans Kunst kein großes Thema. 1962 erwähnt er ihn im „Talkin' John Birch Paranoid Blues", einem Song über eine rechte Verschwörungsgruppe, deren Einstellung er ironisch-sarkastisch wiedergibt: „Wir stimmen alle Hitlers Ansichten zu, obwohl er sechs Millionen Juden getötet hat. Es ist nicht so wichtig, dass er ein Faschist war. Zumindest kann man nicht sagen, dass er ein Kommunist war!" Ein Jahr später textet Dylan „With God on Our Side"; in dem Lied beklagt er – ebenfalls ironisch –, dass nach Kriegen immer die Sieger Gott auf ihrer Seite wähnen – auch die Deutschen, „sie ermordeten sechs Millionen, brieten sie in ihren Öfen. Die Deutschen haben jetzt auch Gott auf ihrer Seite". In einem Interview antwortet er wortkarg auf die Frage, was er zum Holocaust fühle: „Ich ärgere mich!" „Hitler hat die Geschichte nicht verändert. Hitler WAR Geschichte", schrieb er 1966 kryptisch in seinem wirren Erstlingswerk „Tarantel".

In einer Passage seiner Autobiografie nennt Dylan die Diktatoren Hitler, Stalin und Mussolini in einer Reihe mit dem britischen Premierminister und dem US-Präsidenten Franklin Roosevelt – „hoch aufragende Gestalten, wie die Menschheit sie kein zweites Mal kennenlernen würde, Männer, die sich auf ihre eigene Entschlossenheit verließen, komme, was da wolle. Sie waren alle bereit, einsame Entscheidungen zu treffen, ob sie Zustimmung fänden oder nicht. Reichtum oder Liebe waren ihnen gleichgültig, sie bestimmten über das Schicksal der Menschheit und schlugen die Welt in Stücke. Als Nachfahren von Alexander, Julius Cäsar, Dschingis Khan, Karl dem Großen und

Napoleon teilten sie die Welt unter sich auf wie einen Festtagsbraten. Ob sie Mittelscheitel trugen oder Wikingerhelm, sie setzten sich durch und ließen nicht mit sich reden – rohe Barbaren, die den Erdball überrannten und ihm ihre eigenen Vorstellungen von Geografie aufzwangen." Verwundert reibt sich der Leser, die Leserin die Augen: Warum stellt Dylan Hitler zumindest in diesen Passagen auf eine Stufe mit demokratisch gewählten Präsidenten, noch dazu dem amerikanischen?

Im Song „I Contain Multitudes" aus dem Jahr 2020 wiederholt sich eine solch seltsame, kaum erträgliche Relativierung auf andere Weise. „I'm just like Anne Frank – like Indiana Jones / And them British bad boys the Rolling Stones": „Ich bin wie Anne Frank, wie Indiana Jones – und die britischen ‚Bad Boys', die Rolling Stones." Ist es angemessen, das jüdische Mädchen Anne Frank mit ihrem schweren Schicksal in einem Atemzug mit der Hollywood-Figur Indiana Jones und den Rolling Stones zu nennen? Der Songtext fährt fort: „I go right to the edge – I go right to the end / I go right where all things lost – are made good again": „Ich gehe bis an die Grenze, ich gehe bis zum Ende / ich gehe dahin, wo alle verlorenen Dinge wieder geheilt werden." Das hört sich eher nach Altersweisheit denn nach verspielter Wortkünstelei an. Dylan hat offensichtlich keine Ambitionen, sich in eine jüdische Opferrolle hineindrängen zu lassen. Seine Aussagen befremden, wecken spontanen Widerspruch. Dylan freilich spricht, ob man es akzeptabel findet oder nicht, aus einer sehr subjektiven Warte: Die Geschichte der Religion, in die er hineingeboren ist – auch die grausame Seite dieser Geschichte –, macht nur einen Teil seiner Lebenserfahrung aus. Die ist von historischen Persönlichkeiten wie Anne Frank ebenso geprägt wie durch fiktive Gestalten wie Indiana Jones, dem Abenteurer, der auf der Suche nach der Bundeslade und nach dem heiligen Gral auch gegen Nazis kämpfen muss. Auch fiktive Gestalten haben ihre Wahrheit – in vielen seiner Songs erweckt Dylan ja solche Gestalten zum Leben.

Was er an Dylan jüdisch finde, wurde sein Jugendfreund Louie Kemp einmal gefragt. Seine Antwort: Juden „haben die Leidenschaft, nach Sinn zu suchen und ihn moralisch und künstlerisch neu auszudrücken"; „dieser Antrieb – zusammen mit einem anderen jüdischen Merkmal, das als Chuzpe bekannt ist – war in Bobby immer stark, und seine Gaben haben seinen Ausdruck der Ewigkeit würdig gemacht".

Trau dir selbst und glaub an Gott

Mit gereiftem Glauben durch Lebenskrisen

Auf kreative Weise nach Gott und dem Sinn zu fragen – das ist es, was Dylan immer wieder antreibt. Auch nach seinen Ausflügen in christliche und jüdische Welten gibt er seine Suche nicht auf. Die Lieder, die nun entstehen, zeugen von größerer spiritueller Weite, als sie die Lehrmeinungen religiöser Institutionen – gleich welchen Glaubens – bieten können. Mit den Mitteln der Poesie umkreist Dylan das Leben und die Fragen, die es aufwirft: Wer kann Trost spenden? Was tun mit der Angst vor dem Tod? Wie überlebe ich tiefe Traurigkeit? Und was hat Gott mit alledem zu tun? Dylan schätzt den Dichter Rainer Maria Rilke (1875–1926); gut möglich, dass dessen Worte ihm eine wichtige Orientierung sind: „Man muss Geduld haben mit dem Ungelösten im Herzen, und versuchen, die Fragen selber lieb zu haben, wie verschlossene Stuben, und wie Bücher, die in einer sehr fremden Sprache geschrieben sind ... Wenn man die Fragen lebt, lebt man vielleicht allmählich, ohne es zu merken, eines fremden Tages in die Antworten hinein." Auch Dylan wirft viele Fragen auf und entwirft immer neue vorläufige Antworten – auch in seinen Liedern. Als Poet lädt er dazu ein, weiterzudenken, sich selbst an den Fragen abzuarbeiten, sich provozieren oder auch trösten zu lassen.

„Trust Yourself" – „Trau dir selbst": Solch ein Song, 1985 veröffentlicht, wäre Dylan während seiner „Vineyard"-Zeit vermutlich nicht in den Sinn gekommen. Der Text klingt zunächst, als wäre er einem Lebenshilfe-Büchlein entnommen: „Wenn du jemanden brauchst, dem du vertrauen kannst, trau dir selbst! Trau dir selbst, den Weg zu erkennen, der sich am Schluss als der richtige erweist." Doch das Lied propagiert keine Selbsterlösungslehre, sondern ist in der Tiefe sehr fromm. Man solle seine Hoffnung „nicht auf gottlose Menschen" setzen und sich auch nicht „zum Sklaven des Glaubens anderer machen", heißt es dort weiter. Dylan geht es also nicht darum, dass die Menschen sich vom Glauben an eine höhere Macht verabschieden; er ermutigt vielmehr dazu, einen eigenen, ganz persönlichen Zugang zum Glauben zu finden und ihn selbst zu ergründen.

Vielleicht klingt am Ende aber auch wieder die Abneigung dagegen mit, selbst in die Rolle einer Führungsfigur gedrängt zu werden, was Dylan schon seit Beginn seiner Karriere immer wieder ausdrücklich ablehnte. „Vertrau nicht darauf, dass ich dir die Wahrheit zeige", singt er, denn auch er sei nur ein Mensch – und mit Vorsicht zu genießen: „Vertrau nicht darauf, dass ich dir Liebe zeige, wenn meine Liebe vielleicht nur Lust ist!"

Dass der Tod nicht das Ende ist, davon bleibt Dylan überzeugt. „Death Is Not the End", singt er 1988 auf dem Album „Down in the Groove". Mit dem Lied entkräftigt er alle Sorgen, die er in seinen teils schrecklichen apokalyptischen Visionen anderer Lieder an die Wand gemalt hat: „Wenn die Städte in Flammen stehen und das Fleisch der Menschen brennt, dann denk nur dran: Der Tod ist nicht das Ende!" Der Song im heimeligen Schunkel-Rhythmus wirkt aufmunternd: Auch „wenn niemand da ist, der dich tröstet ..., und das, was dir heilig war, zerfällt", gelte es zu bedenken, dass es nach dem Tod irgendwie weitergeht, denn „das helle Licht der Erlösung leuchtet in dunklen und leeren Himmeln". Wenn auch seine Bekenntnisphase vorüber ist, so hat Dylan den Glauben an die Erlösung nicht verloren. „Jenseits des Horizonts betet jemand für deine Seele", konkretisiert er seine Hoffnung später auf dem Album „Beyond the Horizon" – offensichtlich auch in Gedanken an eine Frau. Die Liebe zu ihr werde den irdischen Tod überleben, heißt es dort weiter: Denn „mir bleibt mehr als eine Lebensspanne, um zu leben und dich zu lieben".

Auch von Gottes Allmacht ist Dylan offensichtlich weiterhin so überzeugt, dass er in seinen Liedern davon erzählt – allerdings nicht mehr auf so missionarische Weise wie während seiner „Gospel-Jahre". „God Knows" ist eine Art Glaubensbekenntnis im Blues-Style. „Gott weiß alles", singt er einer unbekannten Frau zu; Gott kennt die „Geheimnisse deines Herzens, er wird sie dir sagen, wenn du schläfst". Gut möglich, dass Dylan sich von Psalm 139 zu dem Text inspirieren ließ, in dem es heißt: „Herr, du erforschst mich und kennst mich. Ob ich sitze oder stehe –

du weißt es, aus der Ferne erkennst du, was ich denke." „Gott weiß, es gibt ein Ziel", singt Dylan weiter, „Gott weiß, es gibt eine Chance." „God Knows" ist ein tröstlicher Song über einen nicht urteilenden, sondern verständnisvollen Gott, der die Tränen der Verzweifelten zwar zulässt, den Menschen aber gerade in der Traurigkeit beisteht. Über einen Gott, der mit der Hoffnung auf den Himmel nicht billig vertröstet, sondern das irdische Leben mit all seinen Schwierigkeiten und Verwerfungen ernst nimmt.

Mit solchen Songs erreicht Dylan eine bibelfundierte tiefe Spiritualität, die gegenüber den Schwarz-Weiß-Malereien christlich-fundamentalistischer Gruppen wie ein spiritueller Quantensprung wirkt. Mit großem Herzen kann Dylan deshalb auf Berichte reagieren, in denen Prediger, die sich als besonders fromm und gottgläubig bezeichnet hatten, als besonders unmoralisch überführt werden. Oft spielen finanzielle, meist sexuelle Versuchungen eine Rolle. Dylan kennt die Macht beider Versuchungen. So hat es ihn nicht sehr verwundert, als 1986 der beliebte und erfolgreiche US-Fernsehprediger Jimmy Swaggart in den Fokus der Öffentlichkeit geriet. Der Prediger war seit den 60ern auch im Musikbusiness tätig, hatte Gospel-Alben produziert und zahlreiche christliche Radiosender gegründet. Mehrere Fernsehsender brachten seine Shows. Über die Zeit hatte er mit seinem eigenen Missionswerk viel Geld eingenommen und ein großes Unternehmen aufgebaut: Eine Kirche mit 4000 Gläubigen gehörte dazu, eine Druckerei, Fernseh- und Tonstudios. Die Medien nutzte er, um Geld zu machen und seine ultrakonservative Version des Glaubens zu verbreiten. Musik war in seinen Augen nur gut, wenn sie nicht zu laut war und dem Glauben diente. Weltliche Rockmusik nannte er „die neue Pornografie“. Aber, ach: Nun kam ans Licht, dass der Pastor seine strengen moralischen Maßstäbe, die er anderen zumutete, selbst nicht hatte einhalten können. Auf dem Rückweg von einer Prostituierten war er gefilmt worden. Trotzdem wollte Swaggart weiter predigen; die Gemeindeverantwortlichen mussten ihm regelrecht Kanzelverbot erteilen.

Eine „sonderbare Geschichte“, meint der bibelfeste Dylan; so richtig aufregen kann er sich allerdings nicht, denn „die Bibel ist voll von solchen Geschichten. Die alten Könige und Herrscher hatten oft viele Frauen und Konkubinen, und der Prophet Hosea war sogar mit einer Prostituierten verheiratet gewesen, ohne dass es seiner Heiligkeit Abbruch getan hätte. Aber das waren andere Zeiten; für Swaggart bedeutete es das Aus. Die Realität kann einen erdrücken“.

Viele von Dylans Songs umkreisen das Themenpaar Sex und Versuchung. In seiner Autobiografie „Chronicles“ fragt sich der lebenserfahrene Dylan, „wie die Hure ausgesehen haben mochte, die diesen berühmten Prediger dazu verleitet hatte, sich mit ihr im Dreck zu wälzen. Eine junge Dame von unwiderstehlicher, statuengleicher Schönheit? Wahrscheinlich. Es musste wohl so sein. Wenn man sich auch nur am Rande mit diesem ganzen Micky-Maus-Quatsch befasst, mit der Art, wie diese Leute aus dem Glashaus mit Steinen werfen, kann man im Irrenhaus landen“.

Auf dem Weg zum Himmel

1997 folgt ein Lied, das wie eine Fortsetzung von „Knockin' On Heaven's Door" klingt: „Tryin' to Get to Heaven". Der Song schildert, durchdrungen von Outlaw-Romantik, wie jemand versucht, den Himmel zu erreichen, „ehe sie das Tor schließen". Eine interessante Verschiebung: Die Frage lautet nicht mehr, ob die himmlische Einlasskontrolle den Menschen in den Himmel durchwinkt oder ihn abweist. Nun geht es darum, dass der Himmel demnächst ganz geschlossen werden könnte, weswegen sich eine Art spiritueller Torschlusspanik entwickelt. Auf dem Weg zum Himmel sei er „mitten durchs Nichts gelaufen" und „durchs einsame Tal gewandert", singt Dylan. Am Ende hält er Rückschau: „Ich werde meine Träume neu durchleben, ich werde meine Augen schließen und mich fragen, ob alles wirklich so hohl ist, wie es scheint." Dann spricht er die Hörer an: „Wenn du meinst, du hättest alles verloren, stellst du fest, du kannst immer noch ein bisschen mehr verlieren." Mag sein, dass Dylan hier an seinen Hit „Like a Rolling Stone" anknüpft und seine damalige Erkenntnis („Wenn du nichts hast, kannst du auch nichts verlieren") in gewisser Weise verschärft.

Auch eher depressive Texte entstehen in dieser Zeit: „Hinter allem Schönen gab es irgendeinen Schmerz", klagt Dylan in „Not Dark Yet". Seine Bürde scheint ihm schwerer zu sein, als dass er sie tragen könnte: „Ich weiß, es sieht aus, als bewegte ich mich – aber ich stehe still", heißt es da weiter, „jeder Nerv in meinem Körper ist ausgehöhlt und taub. Ich weiß nicht mal mehr, wovor ich hierher weggelaufen bin." Auch in den Glauben scheint sich die Seelenkrise hineinzufressen: „Ich höre nicht mal das Murmeln des Gebets." Der Song endet mit dem Kehrvers: „Es ist noch nicht dunkel. Aber es ist bald so weit."

Ähnlich depressiv wirkt „Summer Days" (2001). „Ich habe so lang mit dem Rücken zur Wand gestanden, er wirkt wie festgeklebt", singt er da; jetzt stehe er „an Gottes Fluss", und die „Seele beginnt zu zittern".

Neben solch schwermütigen Songs veröffentlicht Dylan aber auch immer wieder wunderschöne Liebeslieder an das Leben, die sich auch als Gebete verstehen lassen. In „Moonlight" beschreibt er, wie „Erde und Himmel verschmelzen". Das Lied kann auch als Rechtfertigung vor Gott angesichts des Todes gedeutet werden: „Ich predige Frieden und Gerechtigkeit, den Segen der Gelassenheit", singt Dylan, als wolle er beweisen, dass er im Leben Gutes getan habe. Seine Sünden entschuldigend fügt er hinzu: „Es ist voll auf der schmalen Straße, wen kümmert's, ob du mir vergibst oder nicht." Spielt er damit auch auf einen Ausspruch Jesu aus dem Matthäusevangelium (7,14) an? Dort heißt es: „Das Tor, das zum Leben führt, ist eng und der Weg dahin ist schmal und nur wenige finden ihn."

Auf dem Album „Modern Times", auf dem dieser Song 2006 erscheint, verschmelzen die biblischen Bezüge so sehr mit anderen poetischen Bildern, dass sie zwar noch zu erahnen, aber nur schwer zu dechiffrieren sind.

„Spirit on the Water" beginnt ähnlich wie die Schöpfungsgeschichte: „Der Geist über den Wassern, Dunkelheit über dem Angesicht der Tiefe". Doch dann wird der Song zu einem Sehnsuchtslied über eine unerfüllte Liebe, die kaum zu ertragen scheint: „Ich will mit dir im Paradies sein", singt Dylan, doch das gehe nicht, da er jemanden umgebracht habe. Ist das ein Vergleich mit dem biblischen Kain, der sein Leben nach dem Mord an seinem Bruder Abel schuldbeladen und verstört fernab der Heimat zu meistern versucht?

Ähnlich kryptisch wirkt „Thunder on the Mountain". Welcher Berg da gemeint ist, lässt sich nur erahnen: der Berg Sinai, auf dem Mose Gott begegnete? Wenn dieser biblische Bezug mitklingt, kann man sich vorstellen, wie sich die Hauptperson des Songs morgens auf den Weg zum Gipfel macht, von woher ihr der Donner entgegengrollt. „Eines Tages werde ich neben meinem König stehen", heißt es dann – ein Ausblick auf die Begegnung mit Gott? Der Song endet mit einem seltsamen Ratschlag: „Du solltest um Gottes Willen Mitleid mit dir selbst haben!" Mitleid? Oder Erbarmen? Und an wen richtet sich der Rat?

Ein weiterer düsterer Song schließt sich an: „Ain't Talkin'" – „Ich rede nicht". Dylan versetzt sich in einen „mystischen Garten" – der sich schließlich als der Garten vor dem leeren Grab Jesu entpuppt. Der ganze Song könnte also ein lyrisches Selbstgespräch angesichts des Rätsels der Auferstehung sein – mit Zweifeln und Zuversicht zugleich: „Das Feuer ist erloschen, aber das Licht stirbt nie. Wer sagt, ich könnte keinen himmlischen Beistand bekommen?"

Lebenspilger

Dylan als einsamer und unverstandener Lebenspilger, der am Ende ein spirituelles Ziel ahnt: Das Motiv des Hobos, der auf sich gestellt durch die Weiten Amerikas schweift, allerlei Seltsames erlebt und die Hoffnung nicht verliert, zieht sich durch Dylans Leben und durch seine Songs. In „Narrow Way" bringt er es 2012 (auf dem Album „Tempest") nochmals auf den Punkt. Da bittet er einen Engel um Beistand: „Schau herab, Engel, aus dem Himmel, hilf meiner müden Seele auf." Fast kumpelhaft klingt es, wenn er betet: „Es ist eine lange Straße, es ist ein langer schmaler Weg; wenn ich's nicht zu dir schaffe, musst du es irgendwann zu mir runter schaffen."

Auf seinem Weg wird Dylan immer wieder durch den Klang von Glocken bestärkt, der ihm ja seit Kindertagen vertraut ist und dem er schon am Anfang seiner Karriere mit dem Song „Chimes of Freedom" ein musikalisches Denkmal gesetzt hatte. In „Ring Them Bells" (1989) fordert er verschiedene Menschen dazu auf, die „Glocken in den Heiligtümern" zu läuten: erst „die Heiden", dann „Petrus", damit die Leute merken: „Die Sonne sinkt über der heiligen Kuh"; die „heilige Katharina" soll ebenfalls läuten, auch um darauf aufmerksam zu machen, dass der Unterschied zwischen richtig und falsch immer mehr verschwimmt.

Christmas mit Bob

Im Jahr 2009 bringt Bob Dylan eine Weihnachts-CD heraus. „Braucht er Geld?", wird sich da manch einer gefragt haben. Viele Top-Künstler, von Rod Stewart bis Frank Sinatra und Aretha Franklin, bringen Alben mit weihnachtlichen Songs heraus, die zu Longsellern werden und gutes Geld einbringen. Oft überschreiten sie dabei die Grenze des Kitsches.

Dass Bob Dylan etwas nur für Geld tun, seine Stimme und Seele für ein durch und durch kommerzielles Produkt quasi an eine Plattenfirma verkaufen würde, erscheint vielen unvorstellbar und nahezu frevelhaft. Und so schlackern viele Fans mit den Ohren, als im Herbst 2009 die CD „Christmas in the Heart" erscheint. Im Vintage-Style gestaltet, zeigt das Cover eine Kutsche mit zwei Pferden, die durch eine Schneelandschaft fährt – allerdings nicht gemächlich: Der Kutscher hetzt die Pferde mit der Peitsche zum schnellen Galopp. Neben ihm sitzt regungslos ein Junge. Soll das Bob Dylan sein? Kritiker rätseln, ob Dylan mit dieser CD nicht bloß die kommerziell vereinnahmte Weihnachtskultur auf die Schippe nimmt?! Doch Dylan reagiert genervt. Wer so frage, habe sein Werk nie verstanden, erklärt er: „Diese Songs sind Teile meines Lebens, genauso wie Folk-Songs."

In Duluth und Hibbing hatte Dylan die Weihnachtszeit auch als jüdisches Kind genossen. Es war „wie im Bilderbuch", erinnert er sich in seiner Autobiografie „Chronicles": „Engel auf Weihnachtsbäumen, Pferdeschlitten auf verschneiten Straßen, Kiefern im Lichterglanz, Kränze über den Läden der Innenstadt, an der Ecke spielte die

Heilsarmee, Chöre zogen von Tür zu Tür und sangen Weihnachtslieder, das Feuer züngelte im Kamin, Wollschals um den Hals, das Läuten der Kirchenglocken. Wenn der Dezember kam, wurde alles langsamer, still und beschaulich und versank im weißen Tiefschnee."

Diese Stimmung setzt er in seinen Interpretationen der Weihnachtslieder um. Da bimmeln Glöckchen, und man hört förmlich den Weihnachtsmann durch den Schnee stapfen. Engelsgleich singen Backgroundchöre hinter der rauen Stimme Dylans, die bisweilen so knarzt, dass jede oberflächliche Weihnachtsharmonie zur Farce wird.

15 Songs hat Dylan ausgewählt: einige englische Traditionals wie „O' Come All Ye Faithful", „Hark the Herald Angels Sing" und „O' Little Town Of Bethlehem", dazu Christmas-Songs aus dem *Great American Songbook*, also aus der Zeit des Blues, des Jazz und der Bigband-Ära. Dylan hörte Frank Sinatra und Bing Crosby, Judy Garland und Odetta, ließ seine eigenen Weihnachtslieder daraus entstehen – und versah sie mit einem liebevollen Augenzwinkern. Das ist auch im offiziellen Video zu „Must Be Santa" zu sehen. Da wird in einer Villa kräftig Weihnachten gefeiert, mit Polka-Tanz und allerlei Alkohol. Dylan beobachtet das alles, er trägt einen schwarzen Anzug, eine Perücke mit langem Haar und einen weißen Zylinder, den er später gegen eine Weihnachtsmann-Mütze austauscht. Die Feier eskaliert, es kommt zu einer hollywoodfilmwürdigen Schlägerei zwischen zwei Männern. Am Ende schwingt sich einer der beiden am Kronleuchter durch die Gästeschar und fliegt durch eine Glasscheibe nach draußen. Dylan steht inzwischen neben einem dicken

Santa Claus, beide schütteln verständnislos die Köpfe. Der Song basiert auf einem alten Bänkelsang, der in Süddeutschland und der Schweiz entstand und immer noch gepflegt wird, er trägt den Namen „Schnitzelbank".

Die Einnahmen aus der CD spendet Dylan eigenen Angaben zufolge humanitären Organisationen, unter anderem „Feeding America", die mit Suppenküchen Obdachlose versorgt, und dem britischen Charity-Pendant „Crisis" sowie dem Welternährungsprogramm der Vereinten Nationen.

Gegen sämtliche Vereinnahmungsversuche bleibt Dylan resistent. Er macht sich sogar einen Spaß daraus, sie ins Ironische zu wenden. Von 2002 bis 2012 lässt er seine Konzerte mit einer Ansage beginnen, die einige Klischees zitiert: „Meine Damen und Herren, bitte begrüßen Sie den Dichterfürsten des Rock'n'Roll. Die Stimme des Versprechens der Gegenkultur der 60er-Jahre. Den Mann, der Folk und Rock unter einen Hut gebracht hat. Der in den 70ern Make-Up trug und im Drogensumpf abtauchte. Der daraus emporstieg und Jesus fand. Der am Ende der 80er schon abgeschrieben wurde und plötzlich eine ganz neue Richtung einschlug und in den späten 90ern einige der größten Werke seiner Karriere veröffentlichte. Meine Damen und Herren: der ‚Columbia Records'-Künstler Bob Dylan!"

Von Abraham bis zum verlorenen Sohn

Die biblische Schatzkiste Dylans

Bob Dylan nutzt die Bibel als Schatzkiste. Unzählige Ideen für seine Songs entnimmt er ihr; er erzählt Geschichten nach, versetzt sich hinein und überträgt sie dabei in seine Zeit. Dabei lässt er auch die biblischen Personen mit sprachlichen Mitteln auf mal fantasievolle, mal skurrile, mal natürliche Weise im Heute auftauchen.

Altes Testament

Abraham

In „Highway 61 Revisited" verlegt Dylan wie beschrieben die Geschichte der Opferung Isaaks (1 Mose 22) auf den Highway 61, eine Schnellstraße, die von seiner Geburtsstadt Duluth gen Süden führt. Das Thema Kinderopferung kommt auch in „Making a Liar Out of Me" vor.

Adam und Eva
„Lass uns Adam und Eva spielen", singt Dylan in „Talkin' World War III Blues". Der sogenannte Sündenfall, bei dem erst Eva, dann auch Adam von der verbotenen Frucht aß, ist Thema in „Pressing On" (1 Mose 3).

Amos
Er sei „kein Prophet und kein Prophetenjünger", so stellt sich die Hauptperson in „Long Time Gone" vor – so wie einst der Prophet Amos, der leidenschaftlich für Gerechtigkeit eintrat (Amos 7,14).

Antichrist
In der Bibel findet sich die Vorstellung, am Ende der Zeiten werde ein „Antichrist" kommen und die Menschen vom Glauben abbringen (1 Johannes 2,18). „Das Zeitalter des Antichrists hat gerade erst begonnen", singt Dylan in „Murder Must Foul".

Belsazar
Eines Tages sah der persische König Belsazar eine geheimnisvolle Schrift an der Wand: „Mene mene tekel u-parsin" stand da. Er holte den Propheten Daniel, der diese göttliche Botschaft übersetzen konnte: „Deine Tage sind gezählt", könne man die Botschaft zusammenfassen (Daniel 5,25f). In mehreren Songs greift Dylan das auf: in „When the Ship Comes In", „Sign on the Cross", „Mississippi", „Trouble" und „Thunder on the Mountain".

David

Davids Lebenslauf ist außergewöhnlich: Der Hirtenjunge wurde zum mächtigen König Israels. Seine erste große Tat: Mit einer Steinschleuder tötete er den Riesen Goliat (1 Samuel 17). Dylan erinnert daran in „All Over You". David konnte berückend Harfe spielen; seine Musik linderte sogar König Sauls Depressionen (1 Samuel 16,23). Darauf spielt Dylan in „Murder Most Foul" an: „Spiel die ‚Mondscheinsonate' in Fis und ‚A Key to the Highway' für den König auf der Harfe."

Außerdem gilt David als Verfasser der Psalmen. Das weiß auch Dylan, der sich ihn in „I and I" als „einen gerechten König" vorstellt, „der an mondhellen Strömen Psalmen schrieb".

Daniel

Der Prophet Daniel kannte sich mit Träumen aus; einmal deutete er dem König Belsazar seinen Traum von einem furchterregenden Koloss, der dann zertrümmert wurde (Daniel 2,31-43). Die Füße des Ungetüms waren aus Ton – und die beschreibt Dylan in „Making a Liar Out of Me".

Eli

Der Priester Eli hatte den späteren Propheten Samuel erzogen (1 Samuel 1). Im Song „The Wicked Messenger" beschreibt Dylan einen seltsamen heutigen Propheten, „der von Eli kam" und damit hohe Weihen vorweisen kann.

Goliath

Der Sieg des Hirtenjungen David über den riesenhaften Krieger Goliath (1 Samuel 17,49) ist sprichwörtlich geworden – auch in Dylans Song „When the Ship Comes In".

Gott

Natürlich ist in vielen von Dylans Songs auch von Gott die Rede. Es gibt nur einen Gott, das betont die Bibel immer wieder (etwa in 5 Mose 6,4); Israel soll das wissen, und die ganze Welt soll es erfahren – zum Beispiel durch das Läuten von Glocken –, meint Dylan in „Ring Them Bells".

„Gottes Name sei für immer gepriesen": Der Anfangssatz des Songs „Blessed is the Name" findet sich im Buch Daniel (2,20).

Den Anblick von Gottes Angesicht kann kein Mensch lebend überstehen, heißt es in der Bibel (2 Mose 33,20) und auch in Dylans Song „I and I".

Gott ist wie ein Schild, und er wird die Menschen nicht irreführen: Davon ist Dylan im Song „'Til I Fell in Love with You" so überzeugt wie der Psalm 22.

Gott ist nicht nur lieb, sondern er ist auch ein Rächer, behaupten der Prophet Nahum (1,2) und auch Dylan in „Cross the Green Mountains".

„Gott macht keine Versprechen, die er nicht hält", beginnt Dylans Song „When You Gonna Wake Up?" – wie es in der Bibel steht (Josua 23, 14).

„Gott kennt deine Bedürfnisse, bevor du fragst" (in „When He Returns"): Hier nimmt einen Gedanken aus Lukas 12,30 auf.

„Die ganze Welt ist mein Thron" – so fühlt sich ein Verliebter im Song „Beyond Here Lies Nothin'". Die Formulierung ist angelehnt an eine biblische Stelle, in der Gott sagt: „Der Himmel ist mein Thron und die Erde der Schemel meiner Füße!" (Jesaja 66,1).

Hesekiel (= Ezechiel)
Im Song „Dignity" spielt Dylan mit der Formulierung „Tal der trockenen Knochen" auf eine Vision des Propheten an (Hesekiel 37,1-10).

Hosea
Ein Mann sei gezwungen worden, eine Prostituierte zu heiraten, singt Dylan in „Key West" – und bezieht sich damit womöglich auf die Geschichte des Propheten Hosea, der ebendieses Schicksal durchlebte (Hosea 1,2).

Isebel
Die syrische Prinzessin Isebel hatte als Ehefrau des israelitischen Königs Ahab den Götzendienst in Israel eingeführt, deshalb galt sie als Personifizierung des Widergöttlichen und musste elendig sterben (1 Könige 16–19; 2 Könige 9,30-37). Im surrealen „Tombstone Blues" lässt Dylan die böse „Jezebel" in Gestalt einer Nonne eine Perücke für den Massenmörder Jack the Ripper stricken.

Jakob
Jakob, ein Sohn Isaaks und einer der Stammväter Israels, sah im Traum einmal eine Leiter, die bis in den Himmel reichte und an der Engel Gottes auf- und niederstiegen (1 Mose 28,12). „Mögest du eine Leiter zu den Sternen bauen und auf jede Sprosse steigen", wünscht Dylan den Hörerinnen und Hörern des Segensliedes „Forever Young".

Jeremia

„Jeremia predigte Buße denen, die sich von der Hölle abwenden würden", singt Dylan in „Yonder Comes Sin". Damit verweist er auf die Botschaft des biblischen Propheten Jeremia. Im selben Song lässt Dylan eine Geschichte anklingen, in der Jeremia in einen Brunnen geworfen wird (Jeremia 38,6).

Jesaja

Der Prophet Jesaja inspirierte Dylan womöglich zum Song „All Along the Watchtower", in dem es um Fürsten geht, die von einem Wachturm aus Ausschau halten, die „Frauen und barfüßige Diener" sehen und „in der Ferne eine Wildkatze brüllen" hören – so ähnlich steht es auch im Jesaja-Buch (20,3; 21,8; 31,4). Von den Wächtern, die schlafen, statt aufzupassen, singt Dylan in „Tempest" – auch Jesaja kannte solche Wächter, die wie Hunde sind, „die nicht bellen können, sie sind faul, liegen und schlafen gerne" (56,10).

Auch eine Friedensvision teilt Dylan mit dem Propheten Jesaja: dass der Wolf friedlich neben dem Lamm lebt („No Time to Think" und Jesaja 11,6).

In „Saving Grace" zitiert Dylan den Jesaja-Spruch „Die Gottlosen haben keinen Frieden" (48,22). Und in „Yonder Comes Sin" nimmt er Jesajas Bild von Würmern auf, die die Körper der Ungerechten fressen werden (51,8).

Josua

Israels Heerführer Josua brachte mit dem Schall von Posaunen die Mauern der Stadt Jericho zu Fall (Josua 6); darauf spielt Dylan in „When He Returns" an.

Kain und Abel

Das Schicksal des ersten Bruderpaares der Bibel beschäftigt Dylan sehr. In der hoffnungslosen „Desolation Row“ gibt es viele Menschen – alle bis auf Kain und Abel, die Söhne Adams und Evas. Im Song „I Am a Lonesome Hobo“ bezieht sich Dylan auf den Brudermord: „Ich traute meinem Bruder nicht, ich habe ihn beschuldigt. Das führte zu meinem Untergang, ich musste beschämt weiterziehen.“

Der Brudermörder Kain hört noch das Blut seines Bruders „aus dem Grab weinen“ („Yonder Comes Sin“) und klagt, dass seine Last zu schwer sei, als dass er sie tragen könnte („Not Dark Yet“). So beschließt er, „die Kette der Ereignisse zu durchbrechen“ („Every Grain of Sand“).

Das „Leben im Land Nod“, von dem in „Tweedle Dee & Tweedle Dum“ die Rede ist, könnte ebenfalls auf Kain hindeuten, der schuldbeladen dorthin auswandern musste. Ins Paradies könne er wegen seiner Schuld nicht mehr zurück („Spirit on the Water“), denn er habe „das Blut des Landes“ in seiner Stimme („I Feel a Change Coming On“). Die ganze Geschichte ist in 1 Mose 4,1-16 nachzulesen.

Lot

Die biblischen Städte Sodom und Gomorra und ihre Zerstörung durch Gott sind Sinnbilder geworden für schreckliche Sündenstrafen (1 Mose 18f). Dylan nutzt das Motiv in den Songs „Blessed is the Name“, „Death Is Not the End“ und „Trouble in Mind“, wo er die Frage aufwirft, was Lot wohl gedacht haben könnte, als seine Frau zur Salzsäule erstarrte.

Mose

„Ich bin ein Fremdling geworden im fremden Lande", sagte Mose, als er auf der Flucht war (2 Mose 2,22). Dylan zitiert diesen Satz in „You Changed My Life" und „Red River Shore".

Mose holte Wasser aus einem Stein (4 Mose 20,11) – in „Foot of Pride" stellt Dylan sich dieses Wunder auf einer Bühne vor.

Und als Mose die Gesetzestafeln vom Berg Sinai holte, „erhoben sich ein Donnern und Blitzen ... auf dem Berge und der Ton einer sehr starken Posaune" (2 Mose 19,16) – in „Thunder on the Mountain" nimmt Dylan Bezug darauf.

Noah

Die Erzählung von der Sintflut und der rettenden Arche Noah gehört zu den Urgeschichten der Bibel (1 Mose 6–9). Dylan singt davon, dass die Tiere paarweise die Arche betraten („2 x 2"), dass kein Tropfen fiel, bis auch Noah an Bord war („Blessed is the Name") – und in der „Desolation Row" herrscht Trostlosigkeit, obwohl zumindest Ophelia auch den Regenbogen kennt, den Gott nach der Sintflut als Hoffnungszeichen in den Himmel setzte.

Pharao

Der Pharao versuchte, den Auszug der Israeliten aus Ägypten zu verhindern. Darauf, dass ihm das nicht gelang und dass sein Heer im Roten Meer ertrank (2 Mose 14,21-29), spielt Dylan in „When the Ship Comes In" und „Cover Down, Pray Through" an.

Rahel und Lea

In jungen Jahren warb Stammvater Jakob um eine Frau namens Rahel, die jüngere Schwester von Lea (1 Mose 29,1-30). Das kommt in „Ballad in Plain D" vor: „Von den zwei Schwestern liebte ich die jüngere."

Simson und Delila

Die reizende Delila entmachtete den starken feindlichen Heerführer Simson (oder Samson), als der liebestrunken in ihrem Schoß lag. Simson wird gefangengenommen und gefoltert, sodass er erblindete (Richter 16). Dylan singt davon in „All Over You". Auch im wirren „Tombstone Blues" lässt Dylan Delila auftreten, außerdem erwähnt er sie in „Foot of Pride".

Neues Testament

Dismas und Gestas

Neben dem Kreuz Jesu befanden sich zwei weitere Kreuze, an denen zwei Übeltäter dem Tod entgegensahen (Lukas 23,32-43), der Tradition nach heißen sie Dismas und Gestas. Dylan würde ihnen gerne einige Fragen stellen, singt er in „Thief on the Cross". Einem der Übeltäter sagte Jesus: „Heute wirst du mit mir im Paradies sein!" – der Spruch findet sich in „Spirit on the Water" wieder. Einen weiteren Bezug gibt es in „Precious Angel": „Du hast nicht ein einziges Mal den Mann erwähnt, der kam und den Tod eines Verbrechers starb" – wie die Übeltäter neben ihm wurde Jesus hingerichtet.

Gabriel

Der Engel Gabriel verkündete Maria, dass sie den Sohn Gottes gebären werde, erzählt die Bibel (Lukas 1,26-38). Dylan greift das in „I Will Love Him" auf.

Dass „der Erzengel" das Horn bläst, wenn das Ende der Zeit gekommen ist, erklärt der Apostel Paulus (1 Thessalonicher 4,16), und Dylan singt davon („Sugar Baby").

Heilige Drei Könige

Von Geschenken, „die weise Männer bringen", erzählt Dylan in „Love Minus Zero". Damit erinnert er an die Weisen, die dem neugeborenen Jesus Geschenke an die Krippe brachten (Matthäus 2,1-12). Das Motiv des hellen Sternes, der die Weisen nach Bethlehem geführt hatte, nimmt Dylan in „Man of Peace" und in „Tempest" auf.

Herodes

Aus Furcht um seine Macht ließ der skrupellose König Herodes alle Neugeborenen in Bethlehem töten, heißt es im Matthäusevangelium (2,16-18). Dylan erzählt davon in „I Will Love Him".

Jesus

Jesus, der Wanderprediger aus Nazareth, in dem Christen den Sohn Gottes sehen, ist die zentrale Person in Dylans Glaubenswelt. In jungen Jahren war Dylan von dem Hobo-„Jesus Christ" fasziniert, den er aus Woody Guthries Song kannte (S. 30f). Mit den Jahren hat er sich auch anderen Aspekten der Person Jesu angenähert: Über dessen Wirken, Leiden und Auferstehung scheint er viel nachzudenken.

„Er war in der Welt, aber die Seinen erkannten ihn nicht“, heißt es zu Beginn des Johannesevangeliums (1,10). Dylan verwendet das Motiv des unerkannten Jesus in „You Changed My Life“ und „Bob Dylan's 115th Dream“. Als die Menschen dann Jesu Macht erkannt hatten, wollten sie ihn „zum König machen und ihm eine Krone auf den Kopf setzen. Warum ist er stattdessen an einen ruhigen Ort geflohen?“, singt Dylan („In the Garden“); er kennt also den entsprechenden, relativ unbekannten Vers aus dem Johannesevangeliums (6,15).

Jesus ist wohl auch im Song „Red River Shore“ gemeint, der von „einem Mann“ erzählt, „der vor langer Zeit lebte. Einem Mann voller Kummer und Zwist. Wenn jemand um ihn herum starb und tot war, wusste er, wie man ihn wieder zum Leben erweckt“. Darin klingen die „Gottesknechtlieder“ des Propheten Jesaja an (z. B. Jesaja 53,3), die aus christlicher Sicht auf Jesus vorausweisen.

In Jerusalem stieß Jesus zornig die Tische der Verkäufer und Geldwechsel im Vorhof des Tempels um (Matthäus 21,12). Ähnliches wünscht sich Dylan in „Señor (Tales of Yankee Power)“.

Auch mehrere griffige Jesus-Worte zitiert Dylan in seinen Songs:

„Wer nicht für mich ist, ist gegen mich“ („Gonna Change My Way of Thinking“ / Matthäus 12,30).

„Es ist nicht mein Ziel / die ganze Welt zu gewinnen und meine Seele aufzugeben“ („Ain't Gonna Go to Hell for Anybody“ / vgl. Matthäus 16,26).

„In meines Vaters Haus sind viele Wohnungen“ („Sweetheart Like You“ / Johannes 14,2).

„Weint nicht über mich!" („My Own Version of You" / Lukas 23,28).

„Was du tust, das tue bald!" („Seeing the Real You at Last" / Johannes 13,27).

„Das, was mein Vater tut, kann auch ich tun" („In the Garden" / Johannes 5,19).

„Wenn einer mir nachfolgen will, verleugne er sich selbst" („Property of Jesus" / Matthäus 16,24).

Die Passion, also die Leidenszeit Jesu bis zur Kreuzigung, nimmt Dylan ebenfalls in mehreren Liedern auf. „Sie nahmen ihn heraus und versuchten ihn hinterhältig, kreuzigten ihn schließlich", singt er in „I Will Love Him". Die Bemerkung „Keine Anklage gegen ihn konnten sie untermauern" („John Wesley Harding") verweist auf den Prozess vor Pilatus (Johannes 18,38).

Das Grab Jesu war mit einem schweren Stein verschlossen (Lukas 24,2), den schließlich ein Engel wegrollte. „Du kannst den Stein nicht wegrollen, wenn deine Hände müde sind", singt Dylan in „Something's Burning, Baby".

Christen deuten das Schicksal Jesu theologisch: Jesus ist gekreuzigt worden, um die Menschen mit Gott zu versöhnen (2 Korinther 5 u. a.). Das greift Dylan auf, wenn er in „What Can I Do for You" singt: „Du hast dein Leben für mich gelassen" – oder in „Solid Rock" bekennt: „Für mich wurde er gepeinigt, für mich wurde er gehasst", wobei er mit „gehasst" Johannes 15,18 aufgreift. Auch in „Maybe Someday" gibt es einen Hinweis auf den Tod Jesu, der im Neuen Testament als Tat der Liebe gedeutet wird: „Niemand hat größere Liebe als die, dass er sein Leben lässt für seine Freunde" (Johannes 15,13).

Johannes der Täufer

Im von skurriler Fantasie sprühenden „Tombstone Blues“ lässt Dylan auch Johannes den Täufer auftreten. Eine Stimme wie die dieses „Predigers in der Wüste“ (Matthäus 3,3) hört man in „Tight Connection to My Heart“ „noch immer weinen in der Wildnis“. Johannes taufte die Menschen „mit Wasser zur Buße“ und betonte, dass der, der nach ihm komme – Jesus –, stärker sei und „mit dem Heiligen Geist und mit Feuer taufen“ werde (Matthäus 3,11). Im Song „Bye and Bye“ textet Dylan: „Ich werde dich mit Feuer taufen, sodass du nicht mehr sündigen kannst.“

Judas

Judas, der Jünger, der Jesus mit einem Kuss verriet (Lukas 22,47f), ist eine schillernde Gestalt der Bibel, meint auch Bob Dylan. Ob Judas bei dem Verrat Gott auf seiner Seite hatte, fragt er in „With God on Our Side“. Judas' Kuss thematisiert Dylan in „No Time to Think“ und „What Was It You Wanted“. Nach dem Verrat kassierte Judas dreißig Silberlinge von seinen Auftraggebern (Matthäus 26,15). Diesen „Judaslohn“ erwähnt Dylan in „Shot of Love“, „Maybe Someday“ und „The Ballad of Frankie Lee and Judas Priest“. Die Kriegstreiber der Welt bezeichnet er in „Masters of War“ als Judas.

Maria (Mutter Jesu)

In „Duquesne Whistle“ hört Dylan „eine süße Stimme ständig rufen, es muss die Mutter des Herrn sein“. In „I Will Love Him“ schildert er, Maria habe zunächst nicht gewusst, was für ein Baby sie in sich trug, das habe ihr erst der Engel offenbart (Lukas 1,26-38).

Maria Magdalena
Die Jüngerin Maria Magdalena war eine der Frauen, die das leere Grab Jesu als Erste sahen. Weil eine Auferstehung so unvorstellbar war, verwechselte sie den auferstandenen Jesus mit einem Gärtner (Johannes 20,14f). Auf diese Geschichte spielt Dylan in „Ain't talkin'" an: „Entschuldigen Sie, Madam, ich bitte um Verzeihung, hier ist niemand, der Gärtner ist weg."

Marta
„Läute die Glocken, süße Martha" singt Dylan in „Ring them Bells" – und meint damit die biblische Marta, bei der Jesus oft zu Besuch war (Lukas 10,38-42).

Nikodemus
„Nikodemus kam in der Nacht, damit er nicht von den Menschen gesehen wurde. Er sagte: ‚Meister, sag mir, warum ein Mensch wiedergeboren werden muss!'" Auch diese Geschichte aus „In the Garden" hat Dylan der Bibel entnommen (Johannes 3).

Paulus
„Ich lebe, doch nun nicht ich, sondern Christus lebt in mir", schrieb der Apostel Paulus an die Galater (2,20). Dylan klingt ähnlich: „Wenn ich weg bin, frage dich nicht, wo ich bin. Sage nur, dass ich auf Gott vertraute und dass Jesus in mir war" („Ain't No Man Righteous, No Not One").

Petrus
Petrus war ein eifriger Jünger: Als die Soldaten Jesus festnehmen wollten, hieb er einem von ihnen mit seinem

Schwert ein Ohr ab. Jesus befahl ihm daraufhin, sein Schwert wieder einzustecken (Johannes 18,10f). Auch diese Szene zitiert Dylan in „In the Garden". Nach Jesu Tod verleugnete Petrus seinen Herrn (Matthäus 26,74); in „I Will Love Him" spielt Dylan darauf an.

Der christlichen Tradition zufolge bewacht Petrus mit einem Schlüssel die Himmelspforte – das Bild basiert auf der Aussage Jesu, dass er Petrus „die Schlüssel des Himmelreichs" geben werde (Matthäus 16,19). Dylan stellt sich vor, wie es wäre, an die Himmelstür zu klopfen („Knockin' On Heaven's Door"). Und erklärt, „am Tor des heiligen Petrus wird deine Uhr stehenbleiben" („I'd Hate to Be You on That Dreadful Day"). Eine weitere Erwähnung findet sich in „My Own Version of You".

Pharisäer und Schriftgelehrte

Pharisäer und Schriftgelehrte gelten in den Evangelien oft als Sinnbild für Heuchelei (Matthäus 23,1-3). Leute wie sie hatte Dylan vermutlich im Sinn, als er dichtete: „Sieh dich um, da siehst du so viele soziale Heuchler. Sie lieben es, Regeln für andere aufzustellen, während sie genau das Gegenteil tun" („Ain't No Man Righteous, No Not One").

Pilatus

Den Prozess gegen Jesus führte qua Amt der römische Statthalter Jerusalems, Pontius Pilatus (Matthäus 27,22-24). „Draußen regte sich die Menge, man konnte es durch die Tür hören. Drinnen trat der Richter herab, während die Jury nach mehr rief", singt Dylan in „Drifter's Escape" mit deutlichem Bezug auf die Verurteilung Jesu.

Samariterin
An einem Brunnen traf Jesus einst eine Frau aus Samarien; er bat sie um Wasser und sprach mit ihr über den Glauben (Johannes 4,1-42). In „Precious Angel" klingt auch diese Geschichte kurz an.

Satan/Teufel/Lucifer
Der Teufel ist eine der interessantesten Gestalten in Dylans biblischem Universum. Er ist „der Mächtige, der in der Luft herrscht" – „manchmal kann man ihn nicht so gut sehen, wenn er seinen Kopf unter einer schneeweißen Kapuze versteckt" oder als „Mann des Friedens" auftritt, meint Dylan in „Trouble in Mind", „Talking Devil" und „Man Of Peace". Damit nimmt er unter anderem Vorstellungen des Apostels Paulus auf (Epheser 2,2; 2 Korinther 11,14).

Auch gläubige Menschen manipuliere der Teufel mit großem Geschick, singt Dylan in „Ain't No Man Righteous, No Not One", er werde „seinen Weg sogar unter denjenigen finden, deren Absichten gut sind". Auch kennt Dylan eines der liebsten Kampffelder des Teufels, die Sexualität. In „Trouble in Mind" flüstert der Teufel einem Mann ein: „Also, ich will dich nicht langweilen, aber wenn du Miss-so-und-so satthast, habe ich eine andere Frau für dich!"

In „Saved" bekennt Dylan, er wisse, wie sehr das „helle Licht des Teufels" blenden könne („Saving Grace"). Dass der Teufel („der Gott dieser Welt") die Ungläubigen so blende, dass sie das „helle Licht des Evangeliums" nicht erkennen, sagte auch der Paulus (2 Korinther 4,4). Bisweilen packe Satan Menschen an der empfindlichen Ferse, formuliert Dylan in „Dead Man, Dead Man" mit Bezug auf die teuflische Schlange im Garten Eden (1 Mose 3,15).

Wer sündigt, „der ist vom Teufel“: Diese biblische Aussage (1 Johannes 3,8) verarbeitet Dylan in „You Changed My Life“: „Du tust die Arbeit des Teufels.“ In „Foot of Pride“ erzählt Dylan von einem personifizierten Teufel: „Da gibt es einen pensionierten Geschäftsmann namens Red, der vom Himmel fiel und außer sich ist.“ Damit nimmt er die Vorstellung auf, Satan sei der vom Himmel gefallene Morgenstern (Jesaja 14,2; Lukas 10,18; Offenbarung 10,8). Luzifer (wörtlich: „Lichtträger“; der lateinische Name des Morgensterns) ist der christlichen Tradition zufolge ein ehemaliger Engel, der vom Himmel fiel und zum teuflischen Gegenspieler Gottes wurde. In „New Pony“ trägt ein Pony, das stirbt, diesen Namen.

Die „Offenbarung des Johannes“ kennt Dylan gut. Auch wenn er vom Rauch singt, der für immer aufsteigt, und von einem „für den Teufel reservierten Ort“ („Ain't Gonna Go to Hell for Anybody“), hat er vermutlich eine Stelle daraus im Kopf (Offenbarung 14,11).

Thomas

Der Apostel Thomas glaubte erst an die Auferstehung, als Jesus ihn aufforderte, seine Hand in seine Wunden zu legen (Johannes 20,24-31). Darauf spielt Dylan in „Where Are You Tonight“ an.

Verlorener Sohn

„Ich habe mit den Schweinen von einem schicken Tablett gegessen“ – so versetzt sich Dylan in „You Changed My Life“ in den verlorenen Sohn, von dem Jesus in einem Gleichnis erzählt (Lukas 15,11-32).

Die Antwort weiß ganz allein der – Heilige Geist!

Pattis Panne, Papst und Preise

Bob Dylan erfüllt keine Erwartungen, weder die seiner Fans noch die höherer „Autoritäten". Sie alle sind vom Verhalten Dylans oft überrascht. Bei zwei Ereignissen wird das besonders deutlich. Bei beiden spielt Dylans langjährige Freundin Patti Smith eine Rolle. Mit ihr, Smith, der „Godmother of Punk", verbindet Bob Dylan seit seiner Zeit in Greenwich Village Anfang der 1960er-Jahre viel. Dort hatten sie sich kennengelernt und viele Gemeinsamkeiten entdeckt: ihre Liebe zur Lyrik, besonders zum Dichter Arthur Rimbaud, und zur Musik, ebenso ihren Eigensinn auch in religiösen Ansichten. Das erste gesungene Wort der ersten Langspielplatte von Patti Smith, „Horses" (1975), lautete „Jesus". Der Song „Gloria: in Excelsis Deo" war allerdings kein Bekenntnis zum Glauben, sondern zur Sünde. Poetin und Musikerin Smith sang es mit geradezu heiliger Wucht: „Jesus died für somebody's sins but not mine" – „Jesus starb für die Sünden von irgendjemandem, aber nicht für meine". „Meine Sünden gehören mir", schmetterte sie mit Inbrunst, „die Leute sagen: ‚Pass auf!', aber ich kümmer mich nicht drum."

Dann schilderte sie die erotisch knisternde Begegnung mit einer Frau bis hin zum orgiastischen „Gloria". Und just auf dem Höhepunkt klingen die Glocken und singen abermals: „Jesus died für somebody's sins but not mine". Der Song fand verständlicherweise großes Echo, zum einen bei postpubertären Hörerinnen, die ihre sexuelle Identität suchten, und zum anderen bei allen, die den Muff beseitigen wollten, der sich in „tausend Jahren unter den Talaren" kirchlicher und anderer Moralwächter angesammelt hatte.

Im April 2013 schüttelte Patti Smith Papst Franziskus bei einer Privataudienz die Hand. Ein Foto zeigt, wie sie den lächelnden Papst herzlich-respektvoll anblickt, ihre Hände halten seine Hand. Für sie ist es ein Fingerzeig des Himmels, dass dieser Papst sich nach dem heiligen Franziskus benannt hat – denn genau dafür hatte sie zu Gott gebetet. Drei Einladungen zum alljährlich stattfindenden Weihnachtskonzert („Concerto di Natale") in der Audienzhalle waren die Folge. Die Medien entsannen sich natürlich ihres ersten so gar nicht kirchenkonformen Liedes. „Jeder, der mich auf eine Zeile von vor 20 Jahren beschränken würde, wäre ein Dummkopf", entgegnete sie selbstbewusst und erklärte, wie es dazu gekommen war: Sie sei „streng religiös" unter dem Einfluss der Zeugen Jehovas groß geworden; „ich wollte meine eigenen Fehler machen, und ich wollte nicht, dass jemand für mich stirbt". 2013 sang sie zum ersten Mal vor dem Papst, im Jahr darauf wieder und 2017 noch einmal. Die Ausstrahlung durch das italienische Fernsehen an Heiligabend bescherte ihr ein Millionenpublikum.

Vor dem Papst zu singen und ihm die Hand zu drücken, auch das verbindet Patti Smith mit Bob Dylan. Bei Dylan allerdings lag diese Erfahrung bereits Jahre zurück.

Blowin' in the Wind

Der „Nationale Eucharistische Kongress" der Katholiken Italiens fand 1997 in Bologna statt. Die Veranstaltung soll unter den Gläubigen die große Bedeutung des Abendmahls („Eucharistie") ins Bewusstsein rücken, auch Papst Johannes Paul II. war dabei.

Für den Abend des 27. Septembers waren mehrere Künstler eingeladen. Adriano Celentano begann den Abend, es folgten Lucio Dalla und Andrea Botticelli. Anschließend hielt der Papst eine zwanzigminütige Ansprache. Der 96. Psalm ermuntere dazu, dem Herrn „ein neues Lied" zu singen. Der Papst ging auf eines der bekanntesten Lieder dessen ein, der da gleich auf die Bühne kommen würde. „Jemand von euch hat mir gesagt, dass die Antwort auf die Fragen eures Lebens im Winde wehe (‚blowing in the wind'). Das stimmt! Aber nicht in dem Wind, der in Luftwirbeln alles verweht, sondern in dem Wind, der der Atem und die Stimme des Geistes ist, die uns ruft: ‚Komm!'" Auf eine zweite Zeile aus dem Song „Blowin' in the Wind" ging der Papst ein: „Ihr fragtet mich: ‚Wie viele Straßen muss ein Mann gehen, bevor er wirklich ein Mann wird?' Ich antworte: eine! Es gibt nur eine Straße für die Menschen, und die ist Christus, der sagte:

,Ich bin der Weg'. Er ist die Straße der Wahrheit und der Weg des Lebens." Und ebendieser Jesus würde an diesem Abend durch die Musik zu den Menschen sprechen. Beachtlich: Der Papst predigte über einen Text, den Bob Dylan vor Jahren binnen zehn Minuten in einem New Yorker Café geschrieben hatte. Und er rollte Bob Dylan einen roten Teppich aus!

Dann hieß es: Bühne frei für Bob Dylan. Mit vierköpfiger Band stand er auf der riesigen Bühne, im schwarzen Bühnen-Smoking und mit goldener E-Gitarre. Drei Songs hatte er frei. „Blowin' in the Wind" gehörte nicht dazu. Seine Wahl fiel, naheliegend, auf „Knockin' On Heaven's Door"; im Angesicht des Papstes, in dem die Katholiken den Petrus-Nachfolger sehen, hatte das Lied eine besondere Pointe. Immerhin steht nach volksgläubiger Vorstellung Petrus als Türwächter an der Himmelspforte und entscheidet über den Einlass. Die Fernsehbilder zeigen Dylan am Mikrofon, dahinter auf einem großen Podest den Papst, der seinen müden Kopf auf die Hand stützt. Der zweite Song, ebenfalls erwartbar: „Forever Young". Das Segenslied mit biblischem Bezug wirkte in Gegenwart des 77-jährigen, schon gebrechlichen Papstes besonders bewegend. „A Hard Rain's Gonna Fall": Der apokalyptische Song aus Dylans frühen Jahren beendete den Auftritt und formulierte in prophetischer Weise auch das Ansinnen des Papstes, dass die Welt als Schöpfung Gottes bewahrt bleiben und Kriege beendet werden mögen. Ein anderes Ereignis verlieh dem Song an diesem Abend eine besondere Dimension. Am Tag zuvor hatte ein starkes Erdbeben die Basilika des heiligen Franz von Assisi in Umbrien zerstört. Zwölf Menschen starben, 9000 Gebäude wurden beschädigt. Das Ereignis rief apokalyptische Gefühle hervor.

Popstar grüßt Papst

Danach ging Dylan in lässigem Gang von der Bühne die breite Treppe zum Papst hoch. Oben angekommen, nahm er seinen Cowboyhut ab. Der Papst erhob sich aus seinem Sessel. Beide reichten sich die Hand. Dylan verbeugte sich. Beide wechselten ein paar Worte. Was für ein Bild: Hier der weißgekleidete Karol Józef Wojtyła aus Wadowice/Polen alias Johannes Paul II., der selbst wie ein Popstar durch die Welt reiste und die Massen begeisterte. Dort der schwarzgekleidete Robert Allen Zimmerman aus Duluth/Minnesota alias Bob Dylan, der bei seinen Fans fast himmlische Verehrung genoss. Jeder ein Popstar, jeder ein Papst, je auf seine Weise. „His Holiness" traf „His Bobness". Die Frage blieb eigentümlich offen: Wer huldigte hier eigentlich wem – und wer segnete wen? Die Antwort, dem Wind abgelauscht: Hier trafen sich zwei lebenserfahrene Männer mit großem Herzen, die die Sehnsüchte der Menschen kennen, die um den großen Wert des Glaubens wissen und die beide eine respektable Lebenshaltung zeigen.

Das Publikum – 300 000 zumeist Jugendliche – tobte vor Begeisterung. Sie wurden Zeugen davon, dass sich die Kirche mit der Welt traf. Ein ermutigendes Signal: Der starre Vatikan ist zum Dialog mit der Popkultur bereit, wertschätzt sie sogar und versucht, das Evangelium in ihr zu finden.

Nicht alle klatschen frenetisch. Nah dabei saß der deutsche Kardinal Josef Ratzinger, als Präfekt der päpstlichen Glaubenskongregation der oberste Hüter des reinen römisch-katholischen Glaubens. Er dürfte innerlich ziemlich irritiert gewesen sein, als er die ungewöhnliche Begegnung und den Jubel der Menschen beobachtete. Vermutlich hatte er im Vorfeld versucht, dem Papst die Einladung Dylans auszureden. Im Rückblick gibt der spätere Papst Benedikt XVI. zu: „Ich war skeptisch und bin es in gewisser Weise noch immer, ob es wirklich richtig war, diese Art von ‚Prophet' auftreten zu lassen." Gut, dass Johannes Paul II. in diesem Fall mehr auf einen anderen Berater gehört hatte: auf Ernest Vecchi, einen Geistlichen des Erzbistums Bologna. Dieser hatte die Idee, Dylan einzuladen – und nannte gute Argumente: Bob Dylan sei „einer der herausragendsten Vertreter einer in höchstem Maße poetischen und spirituellen Rockmusik". Seine Musik sei „wahr und schön. Die Kirche begrüßt alles, was wahr und schön und gut ist".

Bemerkenswert: Dylan und der Papst brachten mit ihrer gegenseitigen Offenheit so manchen ihrer engsten Fans gegen sich auf. Der Papst musste sich fragen lassen, warum er einen vermeintlichen „Nihilisten" (so Kardinal Ratzinger) auf einem Glaubenskongress auftreten ließ. Dylan zog sich die Kritik zu, er habe einen Bückling vor dem Papst gemacht – und enttäuschte mit seinem Eigensinn mal wieder viele Fans.

2012 mit US-Präsident Barack Obama bei der Verleihung der Presidential Medal of Freedom

Der Literaturnobelpreis geht an ...

Ihr Rebellentum hatte Patti Smith und Bob Dylan nicht davon abgehalten, dem Papst Respekt und Wertschätzung zu zollen. Im Jahr 2016 bahnt sich ein neues Ereignis an, an dem beide auf unterschiedliche Weise teilhaben sollten.

Zunächst ist es Patti Smith, die eine prestigeträchtige Anfrage aus Stockholm bekommt. Mitte des Jahres erhält sie die Einladung, am 10. Dezember bei der Feier anlässlich der Verleihung des Literaturnobelpreises aufzutreten. Sie sagt zu. Ein paar Tage Schweden in einem noblen Hotel, dazu eine ehrenhafte Aufgabe – warum nicht? Sie wählt einen Song aus, der sich gut von einem Orchester begleiten lässt. Doch auch auf Bob Dylan wartet eine besondere Nachricht aus Stockholm.

Buh-Rufe und Pfiffe kennt Dylan zur Genüge. Am 13. Oktober 2016 jedoch skandiert das Publikum im Chelsea Theater in Las Vegas etwas Unerhörtes: „Nobel Laureate – Nobel Laureate". In Windeseile hatte sich die Kulturnachricht des Tages von Stockholm aus über die Welt verbreitet. Der Nobelpreis für Literatur geht in diesem Jahr an Bob Dylan. Er erhalte den Preis für „neue poetische Ausdrucksformen in der amerikanischen Song-Tradition", hatte die Sprecherin des Nobelkomitees, Sara Danius, diese ungewöhnliche Entscheidung bei der Bekanntgabe erläutert. Anschließend stellte sie Dylan gar in eine Reihe mit Homer – denn auch die Texte des antiken griechischen Dichters seien nicht zum Lesen, sondern zur Aufführung geschrieben worden. Und sie sah Dylan in der Tradition der englischen Dichter.

Gleich nach der Bekanntgabe hatte sie versucht, Bob Dylan anzurufen, doch der war nicht erreichbar.

Dylan erfuhr über andere Kanäle von der Auszeichnung. „Ich war unterwegs, als ich diese überraschende Nachricht erhielt, und es dauerte ein paar Minuten, bis ich sie richtig verarbeitet hatte", erzählt er später.

Bei seinem Konzert am selben Abend jedenfalls verliert er kein Wort darüber. Ein eigensinniger Kopf wie er lässt sich nicht zu Statements hinreißen – auch nicht vom laut rufenden Publikum, das ihm für etwas huldigt, was ihm selbst offenkundig ein wenig unheimlich ist. Allerdings spielt er als letzte Zugabe den Song „Why Try to Change Me Now", eine Version eines Cy-Coleman-Hits, den Dylan nur selten in seine Setlist aufnimmt. „Lass die Leute sich wundern, lass sie lachen und die Stirn runzeln", singt er, „ich war immer der Clown, warum jetzt versuchen, mich zu ändern?" Gut möglich, dass dies ein Dylan-typischer musikalischer Kommentar zur Bekanntgabe des Nobelpreiskomitees ist. Der Song wirkt wie eine liebevolle Abfuhr an alle, die meinen, Dylan würde sich, nachdem er offiziell in die Riege der weltbesten Dichter aufgenommen wurde, plötzlich angepasst verhalten und die Erwartungen der literarischen Welt erfüllen.

Sind Songs Literatur?

Die Dylan-Fans freuen sich über die Auszeichnung. Viele in der Fachwelt des Kulturbetriebs dagegen sind gar nicht so angetan von der Entscheidung der Schwedischen Akademie. Der Musiker Bob Dylan als Literat? In einer Reihe mit Hermann Hesse und Mario Vargas Llosa, James Joyce und Isaac B. Singer, Selma Lagerlöf und Toni Morrison?!

Mit Dylan wird der erste Musikpoet gekürt. Das Nobelkomitee begründete das so: „Bob Dylans Lieder wurzeln in der reichen Tradition der amerikanischen Volksmusik und werden von den Dichtern der Moderne und der Beatnik-Bewegung beeinflusst. Schon früh beinhalteten seine Texte soziale Kämpfe und politischen Protest. Liebe und Religion sind weitere wichtige Themen in seinen Liedern. Sein Schreiben ist oft von raffinierten Reimen geprägt und malt überraschende, manchmal surreale Bilder. Seit seinem Debüt 1962 hat er seine Lieder und Musik immer wieder neu erfunden. Bob Dylan hat auch Prosa geschrieben, einschließlich seiner Memoiren ‚Chronicles'." Auch die Statuten des Nobelpreises erfüllt er: Es soll eine Autorin oder ein Autor ausgezeichnet werden, die oder der „das Vorzüglichste in idealistischer Richtung produziert hat". So hatte es der Stifter Alfred Nobel (1833–1896), der menschenfreundliche und wohlhabende Erfinder aus Schweden, in seinem Testament formuliert.

In der Kulturwelt wird die Entscheidung heiß diskutiert. Einige Literaturkritiker freuen sich, dass das Nobelkomitee endlich den Literaturbegriff erweitert hat: Literatur werde eben nicht für elitäre Literaturzirkel geschrieben, sondern gehöre auf große Bühnen und könne die Massen fesseln – so wie die Songtexte von Bob Dylan, betonen sie. Auch Heinrich Detering, damals Präsident der Deutschen Akademie für Sprache und Dichtung, freut sich. Der Literaturwissenschaftler hat sich ausgiebig mit Dylans Werk auseinandergesetzt, gilt mit Recht als der kundigste Dylan-Experte Deutschlands. Eine „schöne Entscheidung" sei die Auszeichnung Dylans; wirklich überraschend sei sie allerdings nicht, denn Dylan habe seit Jahren immer wieder zu den genannten Kandidaten gehört.

Der Journalist Maik Brüggemeyer, ein bekennender Dylan-Verehrer, argumentiert in der deutschen Ausgabe des „Rolling Stone" zustimmend: Auf die Sinnfrage, was den Menschen ausmache, finde Dylan „die Antwort vor allem in Liedern, die von Mysterien und Mythen, Fantasien und dem dunklen Unbewussten handeln. Diesen Schatz geborgen, mit neuem Leben gefüllt und in die Gegenwart getragen zu haben, ist sein größtes Verdienst".

In der Süddeutschen Zeitung lobt Kurt Kister: In der zweiten Hälfte des 20. Jahrhunderts habe es „keinen anderen Poeten gegeben, dem es so wie Dylan gelungen wäre, Träume, Hoffnungen, Verzweiflung so vieler Menschen so rätselhaft eindeutig auszudrücken und zu besingen". Der Preis sei auch „ein zu später Sieg jener, die sich gegen Autoritäten und Autoritäres auflehnen".

Auch deutsche Musikerkollegen freuen sich, allen voran Dylan-Fan Wolfgang Niedecken, der 1995 Dylan-Texte bemerkenswert einfühlsam ins Kölsche übertragen hat: „Ich finde, der Preis passt, weil Dylan die Literatur mit der Musik so verschmolzen hat, dass ganze Generationen an Singer-Songwritern sich daran orientieren konnten. Er ist für viele der Polarstern, an dem man sich orientieren kann – für mich natürlich sowieso."

Doch es gibt auch Kritik – und die Kritiker lästern stets mit derselben Stoßrichtung: Dylan sei kein Dichter, sondern ein Musiker. Die Entscheidung sei „nostalgisch", konstatiert etwa der Deutschlandfunk, sie habe nicht viel

Mut verlangt, denn „der Revoluzzer mit der Reibeisenstimme ist einer der kommerziell erfolgreichsten Musiker unserer Zeit". „Gelegentlich erlaubt sich die Akademie ein ‚Späßken'", unkt der deutsche Literaturkritiker Dennis Scheck: „Am besten, man lacht mit."

Buchverlage und Buchhändler sind ebenfalls enttäuscht. Normalerweise kurbelt die Literaturnobelpreisverleihung jedes Jahr das Geschäft an. Doch mit einem Preisträger, von dem es nur wenige Bücher gibt, bleibt diese Wirkung aus.

Der Dichter schweigt

Dylan ist bereits preisgekrönt. Elf Grammys hat er gesammelt, einen Oscar für den besten Filmsong, den Pulitzer-Preis für „lyrische Kompositionen von außerordentlicher poetischer Kraft", zudem die 2012 von Präsident Barack Obama verliehene „Presidential Medal of Freedom" als höchste zivile Auszeichnung der USA. Der Literaturnobelpreis verschafft ihm nun die Anerkennung auch in der literarischen Welt.

Wie reagiert Dylan? Er bleibt sich treu. Die einzige Erwartung, die er erfüllt, ist die, dass er keine Erwartungen erfüllt. Auf allen Kanälen versucht die Schwedische Akademie tagelang, den Preisgekürten zu erreichen. Erfolglos. Dylan schweigt und lässt damit offen, ob er denn die Auszeichnung überhaupt annimmt. Sollte er sich an Jean-Paul Sartre ein Vorbild nehmen? Der französische Schriftsteller hatte den Preis 1964 mit der Begründung abgelehnt, er sei „ein Versuch der Vereinnahmung". Die Presse bezichtigte Sartre daraufhin des „abstoßenden Hochmuts“ und schickte ihn per Schlagzeile auf den Scheiterhaufen.

Mit seinem Schweigen gerät nun auch Dylan ins Visier. Sein Verhalten sei arrogant, muss er sich vorwerfen lassen. Andere meinen entschuldigend, er würde lediglich das umsetzen, was er vor Jahren schon gesungen habe: „I'm not the one you want, babe ... It ain't me you're looking for, babe“ – „Ich bin nicht der, den du willst, Baby. Ich bin nicht der, nach dem du suchst!“ Damals waren es die Erwartungen seiner Freundin, die er nicht erfüllen wollte – heute die der Weltöffentlichkeit?

Das Rätselraten geht weiter. Warum meldet sich Dylan nicht? Die Tageszeitung „taz“ vermutet, das Schweigen sei eine „Antwort auf ein vergiftetes Lob“. Denn: „Die mit fünfzig Jahren Verspätung vorgenommene Ehrung des Literaten Dylan geht einher mit einer Geringschätzung des Musikers, des Gesamtkünstlers, des Song & Dance Man Dylan, der seit einem halben Jahrhundert kämpft gegen seine Reduzierung auf einen Protestsänger, Pop-Poeten, Lyriker oder was der gut gemeinten Erniedrigungen und Verniedlichungen noch sind.“

Doch solch komplexe Gründe scheint Dylans Schweigen dann doch nicht zu haben. Als Komitee-Sprecherin Sara Danius ihn Ende Oktober endlich erreicht, erklärt er, die Nachricht habe ihn schlicht sprachlos gemacht – selbstverständlich nehme er den Preis an. „Nach Möglichkeit“ werde er am 10. Dezember zur offiziellen Preisverleihung nach Stockholm kommen. Bis dahin sind es noch sechs Wochen. Werden sie ihm reichen, um sich auf diesen Termin einzuschwingen?

Währenddessen hat Patti Smith bereits umgeplant. Ihr Freund und Musikkollege Bob Dylan ist Preisträger! Das stand noch nicht fest, als sie im Sommer angefragt worden war, bei der Preisverleihung aufzutreten. Unter diesen Umständen will sie selbstverständlich keinen eigenen Song singen. Sie wählt einen Song Dylans – einen, den sie selbst seit Jugendzeiten singt und der der Lieblingssong ihres verstorbenen Ehemannes war.

Gala ohne Preisträger

Am 10. Dezember versammeln sich honorige Menschen im Stockholmer *Konserthuset*, einer Konzerthalle im Art-Deco-Stil. Hier findet das Festbankett aus Anlass der Verleihung des Nobelpreises für Literatur an Bob Dylan statt. Männer in Smokings und Frauen in Abendkleidern setzen sich an ihre Plätze. Auch die Königsfamilie ist da. Nur einer fehlt: der Preisträger. Wegen „anderweitiger Verpflichtungen" sei er leider doch nicht imstande, nach Stockholm zu reisen, hat er verlauten lassen – und schickt, immerhin, eine Bankettrede.

Die Veranstaltung hat schwedischen Nobel-Stil. Der Literaturwissenschaftler Horace Engdahl, Mitglied des Nobelkomitees, hält die Laudatio. Er erzählt von dem jungen Dylan, „der die Sprache der Straße und der Bibel verschmolz". Plötzlich habe sich die bisherige gedruckte Poesie „blutleer" angefühlt. Mit seinen Liedern habe Dylan der Sprache der Dichtung ihren verloren gegangenen „erhabenen Stil zurückgegeben". Dann betont Engdahl noch einmal, warum Dylans Texte Literatur seien: „... weil die Schönheit seiner Songs von höchstem Rang ist".

Kritikern nimmt er den Wind aus den Segeln: Wenn die literarische Welt grolle, müsse sie daran erinnert werden, „dass die Götter nicht schreiben, sondern tanzen und singen". Engdahl erklärt den abwesenden Dylan quasi zum Heiligen.

Eine hellblonde Ansagerin mit einer um die bloßen Schultern geschlungenen schwedischen Flagge und kesser Matrosenmütze auf dem Kopf verkündet vor Blumenbouquets, worum es geht. Sie kündigt Azita Raji, die US-Botschafterin in Schweden, an, die die Rede Dylans verlesen werde. Das tut die welterfahrene Diplomatin mit großer Würde: „Es tut mir leid, dass ich nicht persönlich bei Ihnen sein kann", liest sie den Text des Preisgekürten. „Im Geiste" sei er jedoch dabei, und es sei ihm eine Ehre, „einen so prestigeträchtigen Preis zu erhalten". Endlich, mögen viele denken, Dylan bockt nicht mehr, sondern erkennt das Renommee des Preises. Azita Raji liest weiter: „Schon in jungen Jahren kannte und saugte ich die Werke derer in mich auf, die einer solchen Auszeichnung würdig waren: Kipling, Shaw, Thomas Mann, Pearl Buck, Albert Camus und Hemingway. Diese Giganten der Literatur, deren Werke im Schulzimmer unterrichtet werden, in Bibliotheken auf der ganzen Welt untergebracht sind und von denen in ehrfurchtsvollen Tönen gesprochen wird, haben immer einen tiefen Eindruck hinterlassen. Dass ich mich jetzt den Namen auf einer solchen Liste anschließe, ist wirklich unbeschreiblich." Dann geht Dylan auf diejenigen ein, die fragen, ob seine Texte überhaupt Literatur seien, und zieht den Dramatiker William Shakespeare für einen Vergleich heran. „Der Gedanke, dass er Literatur schrieb, hätte ihm nicht in den Sinn kommen können. Seine Worte wurden für die Bühne geschrieben. Sie sollen gesprochen, nicht gelesen werden. Als er Hamlet schrieb, dachte er sicher über viele verschiedene Dinge nach: ‚Wer sind die richtigen Schauspieler für diese Rollen?' ‚Wie soll das inszeniert werden?' ... Seine kreative Vision und seine Ambitionen standen zweifellos im Vordergrund seines Denkens, aber es gab auch weltlichere Dinge zu prüfen und zu behandeln. ‚Ist die Finanzierung gegeben?' ‚Gibt es genug gute Plätze für meine Gäste?' ‚Wo bekomme ich einen menschlichen Schädel?' Ich würde wetten, dass die Frage ‚Ist das Literatur?' am weitesten von Shakespeares Gedanken entfernt war." – Beachtlich charmant nimmt Dylan den Kritikern so den Wind aus den Segeln.

Dann blickt er noch einmal zurück in seine Jugend. Da sei es sein größter Traum gewesen, überhaupt einmal eine Schallplatte aufzunehmen und seine eigenen Songs im Radio zu hören. Heute, viele CDs und Konzerte später, sei er dankbar dafür, dass sie „scheinbar Platz im Leben vieler Menschen in vielen verschiedenen Kulturen gefunden haben".

Schließlich erinnert Dylan daran, dass er – wie einst Shakespeare – in seinem Beruf neben aller Kreativität auch ganz praktische Fragen zu beantworten habe. Welche Musiker er auswähle, zum Beispiel, in welchem Studio er produziere und welche Tonart für ein Lied die passendste sei. „Ich hatte noch nie die Zeit, mich zu fragen: Sind meine Lieder Literatur?" Der Schwedischen Akademie danke er dafür, „dass sie sich die Zeit genommen hat, genau diese Frage zu prüfen, und dass sie letztendlich eine so wunderbare Antwort gegeben hat. Ich wünsche Ihnen allen alles Gute! Bob Dylan". Azita Raji blickt auf.

Applaus brandet auf, und er gilt ein wenig auch ihr und dem Land, das sie verkörpert.

Hard Rain in Stockholm

Auf der Empore über der Bühne macht sich das Orchester bereit. Unten thront die schwedische Königsfamilie auf güldenen Sesseln. Patti Smith tritt zum Orchester hinzu und findet ihren Platz am Mikrofon. Hinter dem wuchtigen goldenen Geländer wirkt sie etwas verloren. Sie hat den Dress-Code der Veranstaltung stilvoll erweitert. Ihre langen grauen Haare fallen auf ein dunkelblaues Sakko, darunter eine weite weiße Bluse mit übergroßen, offenen Manschetten. Hinter ihr beginnt ein Musiker auf einer Martin-Gitarre zu spielen – auf dem gleichen Modell, mit dem Bob Dylan viele Auftritte in den 1960er-Jahren absolvierte. Wer die Augen schließt, könnte meinen, Dylan selbst spiele gerade den 6/8-Schrummelrhythmus. Dann beginnt Patti Smith zu singen, die Augen geschlossen. „Where have you been, my blue-eyed son? And where have you been, my darling young one?" – „Wo warst du, mein blauäugiger Sohn? Wo warst du, mein junger Darling?"

Vermutlich hätten sich viele im Publikum und auch das Nobelpreis-Komitee einen anderen Song Dylans gewünscht. Die Hymne der Friedensbewegung vielleicht, „Blowin' in the Wind", oder etwas Lieblicheres wie „Forever Young". Doch fast so eigensinnig wie Dylan selbst hat Patti Smith ausgerechnet diesen Song ausgewählt, der die apokalyptischen Schrecken der Endzeit beschreibt: tote Meere, Kindersoldaten, verhungernde Menschen. Sie singt ihn vor diesem noblen Publikum, das gar nicht so wirkt, als ob es die prophetische Kraft des Liedes versteht. „Es ist Anklage, Kirchenlied, Choral und vor allem ein großer Gesang, wie es nur Dylan kann", konstatiert Dylan-Biograf Willi Winkler.

Patti Smith singt auswendig. Seit ihrer Jugend hat sie den Song unzählige Male interpretiert. Doch nun stockt sie in der zweiten Strophe, kommt ins Holpern, bricht ab. „Sorry. Ich bin so nervös. Können wir die Strophe noch mal beginnen?" Applaus folgt. Fehler einzugestehen ist die beste Art, auf der Bühne mit Pannen umzugehen. Sie setzt wieder ein. Nach und nach folgen die anderen Instrumente des Orchesters: Cello, Streicher, Klarinette. Patti Smiths Rock-Stimme kontrastiert den orchestralen Klang. Sie wird immer fester und eingängiger. Der Song, 1962 von Bob Dylan zur Gitarre gesungen, wird zum intensiven Klangerlebnis – in dessen Mittelpunkt der bewegende Text steht.

Ein anderer Aspekt des Songs passt sehr gut zum Literaturnobelpreis. Mit dem Text – einem Dialog einer Mutter mit ihrem mit seherischer Gabe befähigten Sohn – nimmt Dylan eine alte Form britischer Balladen auf. Offensichtlich hatte er sich von Gedichten wie „Lord Randall" inspirieren lassen, wie sie zum Beispiel in der verbreiteten Sammlung alter englischer und schottischer Balladen des amerikanischen Volkskundlers Francis James Child (1825–1896) zu finden sind.

Patti Smith setzt sich geknickt wieder zur Festgesellschaft. Sie fühlt sich schlecht gegenüber dem Nobelkomitee, aber auch gegenüber Bob Dylan, der doch sicherlich aus seinem Haus in Malibu zugesehen hat. „Das war eine der schwierigsten Erfahrungen meines Bühnenlebens", erklärt sie später im Interview, „ich kann den Song vorwärts und rückwärts, ich singe ihn, seit ich Teenager bin." Plötzlich sei sie wie „eingefroren" gewesen und ihr seien die Worte nicht mehr eingefallen. Mit etwas Abstand sinniert sie später, sie sei bei der Zeile „Ich bin entlang der zwölf nebligen Berge gestolpert" auf erstaunliche Weise „irgendwie in die Welt des Textes eingetreten" und habe sie wirklich durchlebt. Und sie sei darin geblieben bis zum Ende, wo der Junge, von dem der Song handelt, beim Versinken in den Fluten des Ozeans sagt: „Ich werde meinen Song gut kennen, bevor ich zu singen beginne."

Doch die Rückmeldungen sind freundlich. Niemand nimmt ihr die Panne übel. Erst recht nicht Bob Dylan. Niemand bringe Texte so sehr durcheinander wie er selbst, beruhigt Dylans Sohn sie am Telefon. Im Netz wird die Interpretation des Songs mit Lob überhäuft. „Alle Täuschung wurde aus diesem Raum gesaugt. Wir sind verletzliche Kinder, die in einer oft brutalen Wildnis umherwandern, und Patti Smith hat uns – mit Dylans Worten – daran erinnert", kommentiert eine Userin auf Youtube.

„Etwas anderes als Literatur"

Noch steht der Preis in Stockholm. Wann wird Dylan ihn abholen? Wieder rätseln die Fans, und Kritiker rümpfen die Nase. Nur dafür nach Schweden zu düsen, das ist Dylan offensichtlich zu aufwendig. Am 1. April startet seine Europatournee in Stockholm. Eine gute Gelegenheit, um den Preis in Empfang zu nehmen – unter Ausschluss der Öffentlichkeit, fordert Dylan. Tatsächlich sind über diesen Termin weder Statements noch Berichte und Fotos im Umlauf. Klar ist nur: Ihm wurden die Nobel-Medaille und die Urkunde ausgehändigt.

Und wieder geschieht etwas, was sich als Dylan-typischer Kommentar deuten lässt. Am Tag zuvor war seine neue CD erschienen. Unter dem Titel „Triplicate" singt er mit krächzender Stimme 30 Evergreens des „Great American Songbook": „Sentimental Journey", „As Time Goes By", „These Foolish Things" und viele andere Herzschmerz-Songs aus der Swing-Ära. Ein für seine eigene Lyrik ausgezeichneter Nobelpreisträger schreibt nicht selbst, sondern singt die Songs anderer – Fans deuten das als neue Breitseite gegen die Hochkultur. Und wie seltsam der Titel der CD klingt! Er scheint den Begriff Duplikat noch zu steigern und unterstreicht den Gedanken an das Abkupfern von Texten und Liedern, die andere geschrieben haben.

Auch nach der persönlichen Abholung des Preises bleibt noch eine Frage offen. Dylan hat noch keine Nobelpreis-Rede verfasst. Wird er sie noch einreichen? Das müsste binnen eines halben Jahres nach der Verleihung des Preises geschehen, also bis zum 10. Juni 2017. Keine Rede, kein Preisgeld – so wollen es die Statuten. Und das Preisgeld ist hoch: 825 000 Euro stehen auf dem Spiel. Jean-Paul Sartre hatte sein Preisgeld 1964 nicht abgerufen, einige Jahre später aber doch versucht, es zu bekommen – vergeblich, denn da war das Geld bereits wieder ins Stiftungsvermögen zurückgeflossen. Sollte Dylan so wohlhabend sein, dass er darauf verzichtet, nur um aller Welt seine Unabhängigkeit zu beweisen?

Wenige Tage vor Ablauf der Frist reicht er seine Rede doch noch ein – als Tondokument, unterlegt von ruhiger

Klaviermusik. Am 4. Juni hat er es aufgenommen. 27 Minuten lang spricht Dylan mit seiner aus der „Theme Time Radio Hour" bekannten schnurrend-näselnden Stimme. Er wolle darüber nachdenken, worin die Verbindung seiner Songs zu Literatur bestehe, definiert er das Thema.

Mit Erinnerungen an musikalische Vorbilder steigt er ein: Er erzählt von Buddy Holly, den er wenige Tage vor seinem tödlichen Flugzeugabsturz live im Konzert erlebte. Und von Leadbelly, dessen Platte „Cotton Fields" „schlagartig" sein Leben verändert habe – „als wäre ich bis dahin im Dunkeln gewandert, und auf einmal hätte etwas die Dunkelheit erleuchtet". Die Musik seiner Vorbilder habe er dann natürlich auch selbst gespielt.

Dylan lobt seine Schule in Hibbing, an der er die Klassiker der Literatur kennengelernt habe. „Moby Dick" und „Im Westen nichts Neues" hätten ihn gefesselt und in andere Welten geführt. Auch in Homers „Odyssee" habe er geschwelgt. Den Helden Odysseus beschreibt er in einer Weise, dass man meinen könnte, er spreche von sich selbst: „Er befindet sich auf einer langen Reise zurück nach Hause ... Er ist zum Wandern verflucht ... Ständig versucht er, jemanden zu befreien. Er ist ein Reisender, aber hält an vielen Stationen ... Immer wieder wird er vor kommenden Dingen gewarnt. Berührt Dinge, die er nicht anfassen soll ... Göttinnen und Götter beschützen ihn, aber andere wollen ihn töten. Er wechselt die Identität ... Drogen wurden in seinen Wein geschüttet. Es war eine beschwerliche Reise."

Dann kommt Dylan zurück zu seiner Anfangsfrage. Er habe alles Mögliche in seine Songs geschrieben, ohne sich darüber Gedanken zu machen, was es bedeute, erklärt er. „Als Melville sein Altes Testament, biblische Anspielungen, wissenschaftliche Theorien, protestantische Lehren und all sein Wissen über das Meer und Segelschiffe und Wale in seine Story [von Moby Dick] gepackt hat, hat er sich auch keinen Kopf darüber gemacht, was es bedeutet." Auch der englische Poet und Priester John Donne (1572–1631) habe schwer verständliche Sätze geschrieben – die aber schlicht gut klingen.

Dylan kommt zu dem Fazit, Songs seien „etwas anderes als Literatur. Sie sollen gesungen werden, nicht gelesen". Dann spricht er die Hörer seiner Rede direkt an: „Ich hoffe, einige von Ihnen haben die Gelegenheit, diese Texte zu hören, so wie sie gemeint sind: im Konzert oder wo immer man heutzutage Songs hört." Mit einem Zitat Homers beendet Dylan seine Rede: „Singe in mir, oh Muse, und durch mich erzähl die Geschichte."

Forever Young

Mit Whiskey und der Bibel

Eine softe Jazztrompete spielt berückend schöne Töne. Die rauchig dunkle Stimme der Schauspielerin Ellen Barkin begrüßt die Hörerinnen und Hörer: „Es ist Nacht in der Stadt. Ein Mädchen durchwühlt den Medizinschrank des Mannes, der sie nach Hause gebracht hat. Ein klingelndes Telefon bleibt unbeantwortet. Es ist die ‚Theme Time Radio Hour' mit Bob Dylan."

Am 3. Mai 2006 geht die erste Radio-Show mit Bob Dylan über den Sender mehrerer kleinerer US-Radiostationen. Jeweils eine Stunde lang plaudert er im Stil der großen Radiomoderatoren der 1940er-Jahre mit tiefer weicher Stimme über ein Thema. Er präsentiert bekannte wie unbekannte Songs, die auf unerwartete Weise dazu passen. Die Fans staunen: So smooth und privat hat sich ihr Idol noch nie hören lassen. Und so viel Einblick in das, was ihn beschäftigt, hat er noch nie zuvor gegeben. Dylan erzählt, smalltalkt, philosophiert, klingt fast mal wie ein

Märchenonkel, mal wie ein Barkeeper, macht Späße – und öffnet seine ganz persönliche Jukebox. Ein enorm abwechslungsreicher Mix aus Blues, Folk, Rockabilly, Soul, Rock'n'Roll, Gospels und Spirituals, Country und Pop ist da zu hören. Gespielt von seinen großen Vorbildern: Woody Guthrie selbstverständlich, Hank Williams, Johnny Cash und all den anderen. Aber auch prominente Kolleginnen und Kollegen wie Judy Collins, Prince, Stevie Wonder, Rod Stewart oder Van Morrison. Bis 2009 werden hundert Folgen produziert. Dylan setzt sich dazu nicht, wie er die Hörer immer wieder gerne glauben macht, in ein Radio-Studio im fiktiven „Abernathy Building". Er nimmt die Sendung an unterschiedlichen Orten auf. Das Themenspektrum der Radio-Show spiegelt das Leben in seiner ganzen Vielfalt wider, von Tratsch bis Tiefsinn. Ausgerechnet das, worüber man spricht, wenn man sich eigentlich nichts zu sagen hat, macht er zum Thema seiner ersten Sendung: das Wetter. Es folgen „Mütter", „Gefängnis", „Hunde", „Frauennamen", „Texas", „Nichts" – die Liste der Themen ist beachtlich. Auf der Website *themetimeradio.com* kann man sie durchstöbern. Nur vier ausgesprochen religiöse Themen sind da zu finden. Der Befund erstaunt nur auf den ersten Blick. Denn in nahezu jeder Folge scheint mehr oder weniger die spirituelle Kraft des Spirituals und des „Great American Songbook" durch.

Folge 19 widmet Dylan der Bibel: „Kommt zusammen, Freunde ... Ich werde über die Bibel sprechen. Ihr solltet gut zuhören." Dann zählt Dylan – nein, nicht die Interpreten der Songs auf, die er spielen will, sondern die Bücher der Bibel, aus denen die Songtexte schöpfen: „Genesis,

Exodus, Levitikus und Numeri, Deuteronomium, Josua, Richter, die Weisheit Salomos, erstes und zweites Buch der Makkabäer, erstes und zweites Buch Samuel, erstes und zweites Buch der Könige. Wir werden Sachen spielen, die aus den Psalmen und Sprüchen stammen, ihr kennt sie alle ... Wir werden Musik spielen, die etwas mit Nehemia, Esther, Hiob, Matthäus, Markus, Lukas und Johannes zu tun hat. Und natürlich mit dem Buch der Offenbarung." Dylan traut sich was: Bibelkunde in einer Radio-Show! „Hört die Frohe Botschaft", beendet er seinen Einstieg in die Sendung, „suchet, so werdet ihr finden."

Der erste Einspieler ist kein Lied, stammt aber dennoch von einer Langspielplatte. Baptistenprediger J. M. Gates (1884–1945) war in den 1920er- bis 1940er-Jahren einer der populärsten Volksprediger der Vereinigten Staaten. Seine Predigten waren so beliebt, dass eine große Plattenfirma sie presste und sehr erfolgreich verkaufte. Von einer dieser Platten stammt die Predigt: „Are You Bound for Heaven or Hell?" – „Bist du an den Himmel oder an die Hölle gebunden?" Gates predigt sich in Rage, seine Stimme wird immer schriller und ekstatischer, immer eindringlicher malt er seinen Zuhörern vor Augen: „Wenn du nicht wiedergeboren bist, gehörst du zur Hölle." Anderthalb Minuten lässt Dylan den Erweckungsprediger gewähren; just als der anfangen will, zu singen, fällt Dylan ihm ins Wort. Lakonisch kommentiert er: Nicht nur Reverend J. M. Gates sei ein Freund der Bibel, auch Microsoft-Gründer Bill Gates habe gerade 30 Millionen Dollar für eine Gutenberg-Bibel ausgegeben.

Auf den enthusiastischen Prediger folgt eine musikalische Revue von Songs, die, wie angekündigt, mehr oder weniger mit der Bibel zu tun haben. „Einige müssen zwischen Himmel und Hölle wählen, andere haben andere Entscheidungen zu treffen", leitet Dylan zum ersten Song über. Er stammt von der US-Rockband „The Yayhoos": „Bottle and Bible". „Jeden Tag ums Überleben kämpfen – es ist schwer, sich zwischen der Flasche und der Bibel zu entscheiden": Wer da singt, weiß, wie schwer es ist, sich auch in existenziellen Nöten an der Bibel zu orientieren, statt zu versuchen, sich die Sorgen wegzusaufen. Der Sänger schildert diese inneren Kämpfe und bittet: „Ich weiß, dass du mich liebst, Herr, so wie ich bin, weil du meine Sünden im Blut des Lammes gewaschen hast." Es sei dahingestellt, ob das alles so ernst gemeint ist – in jedem Fall ist der Song ein wohltuender Kontrapunkt zu bestimmten evangelikal-missionarischen Liedern, die mit dem moralischen Zeigefinger den Alkohol verteufeln.

Nach diesem Song leistet Dylan Lebenshilfe: „Wenn ihr euch zwischen Flasche und Bibel entscheiden müsst, braucht ihr vielleicht das Zwölf-Schritte-Programm, das Bill Wilson entwickelt hat", empfiehlt er und wirbt damit für die Arbeit der Anonymen Alkoholiker. Allerdings ironisiert er den Tipp sogleich: „Wenn ihr merkt, dass euch die zwölf Schritte nicht reichen, kann ich euch Alfred Hitchcocks Klassiker ‚Die 39 Stufen' empfehlen."

Als nächsten Interpreten hat sich Dylan den blinden Blues-Musiker und Baptistenprediger Reverend Gary Davis (1896–1972) ausgesucht, der zu den wegweisenden Bluesgitarristen gehört. Dylan hatte in jungen Jahren dessen Song „Candy Man" in sein Repertoire aufgenommen. Nun wählt er eine Aufnahme, auf der Reverend Davis einen alten Spiritual interpretiert, in dem die biblische Geschichte des tragischen Helden Simson erzählt wird. „Er war der stärkste Mann, der jemals auf Erden gelebt hatte", singt der Reverend und schildert die legendenhaften Geschichten der Bibel, nach denen Simson mit dem Knochen eines Eselskiefers tausende Feinde erschlagen und mit bloßen Händen einen Löwen zerrissen hat. Schließlich aber tappte Simson in eine Falle seiner Feinde, der Philister. Liebestrunken verkroch er sich in den Schoß der durchtriebenen Delila und verriet ihr den einzigen Weg, ihn zu entmachten. „Du kannst meinen Kopf rasieren ... und meine Kraft wird so natürlich wie die jedes alten Mannes", lässt Reverend Davis ihn sagen und grölt mit zornig schriller Stimme zwischen den Strophen den Refrain: „If I had my way, I would tear this old building down." – „Wenn es nach mir ginge, würde ich dieses alte Gebäude niederreißen." Die Zeile ist eine Anspielung auf Simsons letzte Tat: Er wurde zum Selbstmordattentäter: Angekettet und dem Tode geweiht, schaffte er es, das Haus einzureißen, in dem sich seine Feinde zum Feiern versammelt hatten. Zusammen mit ihm wurden sie unter den Trümmern begraben. So gesehen schwingt in dem Schicksal Simsons das Thema des unerwarteten Sieges eines Gefangenen mit. Verständlich, dass die unter Rassismus leidenden amerikanischen Sklaven Simson zum Schicksalsgefährten erklärten und seine Lebensgeschichte in Liedform brachten.

Der nächste Titel in Bob Dylans Bibel-Radio-Show stammt von der Countrysängerin Kitty Wells (1919–2011). 1958 hatte sie versucht, die Bibel mit Musik zu entstauben. „Dust on the Bible" hieß ihre Langspielplatte mit Liedern zu entsprechenden Themen. Dylan spielt den Titel

„He Will Set Your Fields on Fire" – „Er wird deine Felder in Brand setzen". Im salopp-freundlichen Country-Viervierteltakt stellt Kitty Wells ihre Hörerinnen und Hörer vor die ganz persönliche Glaubensfrage: Der Ruf Jesu ergehe an die, „die in die Irre gegangen sind: ‚Kommt, Männer, und legt eure Sündenlast am Altar ab!'" Wer den Ruf nicht befolge, dessen Felder werde Gott in Brand setzen. „Flieh den Abwärtspfad, entfache nicht seinen Zorn!", singt Kitty Wells und malt den apokalyptischen Weltenbrand vor Augen. Wer jedoch Jesus folge, der werde das Jüngste Gericht überleben und im „himmlischen Chor" jubeln.

Diese Form des christlichen Glaubens hatte Bob Dylan während seiner Konversionszeit am eigenen Leib und an der eigenen Seele erlebt, erleben *müssen*, wie er es später zeitweise empfand. Dass er ausgerechnet einen Song mit diesem Inhalt spielt, zeigt, dass er inzwischen einen hinreichend großen inneren Abstand zu der düsteren Drohmentalität mancher erweckungsfixierter Gruppierungen gefunden hat.

Humor scheint eine der bevorzugten Methoden zu sein, mit denen sich Bob Dylan auch die seltsamen Vorkommnisse in der christlichen Szene erträglich macht. Die oft als altbacken angesehenen biblischen Geschichten präsentiert er mit Songs, die sich dem Thema leichtfüßig, aber nicht respektlos nähern. So geht er auch das Sündenfall-Thema an. „Adam Come and Get Your Rib" – „Adam, komm und hol dir deine Rippe!" heißt der 1952 veröffentlichte Song des Bluesmusikers Wynonie Harris (1915–1969), der mit einem kräftigen Augenzwinkern das Verhältnis von Mann und Frau in Bigband-Sound bringt.

Der Sänger klagt über seine Freundin, die ihn betrogen und verlassen und sein Herz zum Weinen gebracht habe. Hätte Adam nicht seine Rippe hergegeben, aus der Gott dem biblischen Schöpfungsbericht zufolge die Frau erschuf (1 Mose 2,21f), wäre dem von Liebeskummer Geplagten der Herzschmerz erspart geblieben. Hätte es Eva nicht gegeben, wären die Männer auch vor dem „Apfel" verschont geblieben: vor der Frucht, mit der sie Adam zum Ungehorsam gegen Gott verführte. Adam würde heute noch selig im Paradies leben! Der Song wirkt ein wenig wie eine protestantisch augenzwinkernde Deutung der katholischen Erbsündenlehre.

Im nächsten Song der musikalischen Bibelkunde sind zwei Musiker zu hören, die wie aus einem Dylan-Song entsprungen scheinen. A. A. Gray (1881–1939) hatte schon mit sieben Jahren die Country-Fiddle gespielt; er wurde Farmer, hatte es aber nebenher als Musiker zu einiger Berühmtheit gebracht und Platten aufgenommen – unter anderem mit John Dilleshaw alias Seven Foot Dilly (1896–1941). Diesen zwei Meter großen Mann hatte als Jugendlicher ein Schuss in den Fuß getroffen; er hatte die Heilungszeit zum Gitarrelernen genutzt und war ein angesehener Musiker geworden. Die beiden lebenserfahrenen Originale sangen zusammen den Song „The Old Ark's A-Moving", „Die alte Arche ist (noch immer) in Bewegung". Darin erzählen sie, wie „Bruder Noah" die Arche zimmerte und wie die Tiere an Bord gingen – „einige schrien, andere weinten". In der Mitte des Liedes folgt ein Themenwechsel: Der Sänger ist arm, wie sich herausstellt, ein Farmer, dessen Auto zu allem Überfluss auch noch kaputtgegangen ist. Die Arche erscheint nun wie ein Hoffnungszeichen dafür, dass es Rettung aus der Situation gibt: Schließlich bewegt sie sich ja immer noch.

Wie soll man mit der Bibel umgehen, auf welche Weise sollte man sie lesen und auslegen? Dazu gibt es unterschiedliche Ansichten: Die einen betrachten die Bibel als wörtlich zu befolgendes Wort Gottes, andere halten freiere Deutungen für angemessen. Für einige sind die biblischen Gesetze und Gebote eine Hilfe, anderen sind eher die spirituellen Inhalte wichtig. Die Vielfalt des Umgangs mit der Bibel findet einen Spiegel in der Zahl der Denominationen – also der Kirchen und Gruppierungen, die die christliche Botschaft jeweils mit unterschiedlichen Schwerpunkten auslegen und leben. Der große Wert der Freiheit, den die protestantischen Pilgerväter mit in die „Neue Welt" brachten, hat in den USA eine besonders große Anzahl von Konfessionen mit sich gebracht. Sie ist so groß und teilweise unübersichtlich, dass sich Außenstehende mitunter fragen, wozu das gut ist und wie das sein kann, da sich doch alle Christen auf die Bibel und die „frohe Botschaft" berufen. Auch Bob Dylan scheint über die Zahl der Denominationen zu schmunzeln und hält sie eher für hinderlich.

Gospel-Sänger Washington Philipps (1880–1954) begleitet sich im nächsten Song auf einem selbstgebauten Instrument, das einer bundlosen Zither ähnelt und einen ganz eigenen Klang erzeugt. Das Instrument imponiert auch Dylan, der mit Philipps' „Denomination Blues" seine unterhaltsame Bibelkunde um eine kurzweilige Konfessionskunde ergänzt. „Ich möchte euch etwas Selbstverständliches erzählen", beginnt der Sänger: „Jeder versteht die Bibel anders." Die verschiedenen Denominationen hätten aber kein Recht, sich deswegen zu bekriegen. Denn im Grunde komme es nur darauf an, mit Jesus durchs Leben zu gehen. Die „Primitive Baptists" glaubten, dass man nur in den Himmel komme, wenn man einander die Füße wäscht – so beginnt er die Aufzählung. Den „Missionars-Baptisten" komme es mehr aufs Untertauchen bei der Taufe an. Die „African Methodist Episcopal Church" bevorzuge es, das Taufwasser auf den Kopf zu sprenkeln. Die Gläubigen der Heiligungsbewegung (Holiness People) versuchten, ganz ohne Sünde zu leben. Die Eigenheit der „Church of God" bestehe darin, dass sie den Wein beim Abendmahl für nicht heilsentscheidend betrachte. Lakonisch wird jede Denomination mit der Refrainzeile quittiert: „Du solltest dich besser an Jesus halten, ich sage dir, das reicht."

Mit dem folgenden Lied gibt Dylan einen Hinweis auf den rechten Gebrauch der Bibel: „I'm Using My Bible For a Road Map". Das stimmgewaltige Gospel-Quintett „The Four Internes" hatte den Song 1953 aufgenommen. „Ich nutze die Bibel als Straßenkarte", bekennen sie und erklären auch, wie das gemeint ist: „Die Zehn Gebote sagen mir, was zu tun ist, die zwölf Jünger sind meine Wegweiser, und Jesus wird mich sicher geleiten." Mag der Benzintank auch mal leer sein – die Kraft des Herrn bleibe. Auch die „Kinder Israels" hätten so auf Gott vertraut, mit seiner Hilfe hätten sie „das bedrohliche Rote Meer" durchquert. Die letzte Station des Weges sei „some sweet day" – „eines süßen Tages" – der Himmel; dort werde es weder Umwege noch schlechte Straßen geben.

Es folgt ein Abschiedslied, 2009 von der New Yorker Folkgruppe Ollabelle veröffentlicht. Eine Frau – „Elend und Depression stehen ihr ins Gesicht geschrieben" – trennt sich von ihrem Freund Elijah. „Es war nicht meine Absicht, dich so zu verletzen", beteuert sie und hält an ihrem Entschluss fest, obwohl Elijah sie anfleht, zu bleiben. „Sie lässt ihn frei, aber er will nicht frei sein." Das Beziehungsdrama trägt den Titel eines alten Spirituals: „Elijah Rock", in dem der Prophet Elia gewürdigt wird.

Dylan springt in der Bibel vor und zurück – nun in die Zeit des sogenannten Babylonischen Exils, ins Jahr 587 vor Christus. Die Perser hatten Jerusalem erobert und einen Teil der Bevölkerung nach Babylon deportiert. „An den Wassern zu Babel saßen wir und weinten, wenn wir an Zion dachten", heißt es in Psalm 137. 1970 machte die jamaikanische Reggae-Band „The Melodians" einen Song aus der Geschichte: „By the Rivers of Babylon". Das Lied wurde zu einer Hymne der Rasta-Bewegung und weltweit von vielen Bands gecovert, unter anderem von der deutschen Pop-Formation „Boney M.".

Dann geht es ins Jahr 1930 – und biblisch weit voraus in die im Buch der Offenbarung beschriebene Zukunft. Blind Willie Nelson (1897–1945) war ein wegweisender Bluesmusiker, der mit Vorliebe Spirituals und Gospels interpretierte. Das Leben des Gitarristen war tragisch verlaufen: Als er sieben Jahre alt war, hatte seine Stiefmutter ihm in einem Wutanfall Lauge in die Augen geschüttet, was zur Erblindung führte. Mit Straßenmusik verdiente er sich den Lebensunterhalt und perfektionierte sein Spiel, sodass eine Schallplattenfirma einige Platten mit ihm veröffentlichte. Aus dem traditionellen Gospel-Wechselgesang „John the Revelator" machte Blind Willie einen intensiven Gitarrensong. „Wer hat's geschrieben? – Johannes, der Offenbarer". Vom „Buch mit den sieben Siegeln" ist die Rede, von der „Tochter Zion", dem „Löwen Juda" – Begriffe, die auf prophetische Art und Weise die drohende Endzeit beschreiben. Das Thema bewegt Bob Dylan schon lange, die Begriffe sind ihm geläufig und er weiß, worin die Anziehungskraft heutiger Apokalyptik-Prediger liegt. „John the Revelator" zu spielen, ist eine Hommage an das letzte Buch der Bibel.

Nach dem Schlussakkord schlüpft Dylan in die Rolle des Hörerpost beantwortenden Radio-Moderators. Er habe eine E-Mail von einem „R. McGuinn" bekommen, sagt er und liest sie vor: „Dear Bob, Glückwunsche zur Show. Ich bin sehr beeindruckt von einer bestimmten Bibelstelle. Kannst du erraten, welche es ist?" „Danke für deine Mail, ‚R.'", antwortet er, „ich kann mir gut vorstellen, welche Stelle du meinst: Prediger Kapitel 3, Verse 1 bis 8." Dann zitiert Dylan diese acht Verse, ganz ohne in einen pastoralen Ton zu verfallen: „Ein jegliches hat seine Zeit, und alles Vorhaben unter dem Himmel hat seine Stunde: Geboren werden hat seine Zeit, sterben hat seine Zeit; pflanzen hat seine Zeit, ausreißen, was gepflanzt ist, hat seine Zeit; töten hat seine Zeit, heilen hat seine Zeit; abbrechen hat seine Zeit, bauen hat seine Zeit; weinen hat seine Zeit, lachen hat seine Zeit; klagen hat seine Zeit, tanzen hat seine Zeit; Steine wegwerfen hat seine Zeit, Steine sammeln hat seine Zeit; herzen hat seine Zeit, aufhören zu herzen hat seine Zeit; suchen hat seine Zeit, verlieren hat seine Zeit; behalten hat seine Zeit, wegwerfen hat seine Zeit; zerreißen hat seine Zeit, zunähen hat seine Zeit; schweigen hat seine Zeit, reden hat seine Zeit; lieben hat seine Zeit, hassen hat seine Zeit; Krieg hat seine Zeit, Friede hat seine Zeit. – Ich glaube, das meintest du, oder?", fragt Dylan den vermeintlichen Mail-Schreiber „R. McGuinn". Wer sich etwas auskennt in der Musikszene, erkennt den Insider-Witz: Roger McGuinn war Sänger der US-Folkrockgruppe „The Byrds", die 1965 einen Hit mit dem Titel „Turn, Turn, Turn" gelandet hatte – dessen Text wiederum ist eine Übertragung der von Dylan zitierten Bibelverse. Dylan verpasst hier seinem Kollegen McGuinn eine kleine Spitze, der vielleicht gar nicht gewusst habe, dass der Text, den er sang, aus der Bibel stammt.

Auf dieses Bibelzitat folgt die Geschichte über einen Prediger aus Tennessee, der das Evangelium mit Musik verkündigt: „Boogie Woogie Preaching Man". Interpret ist Jess Willard (1916–1959). Der Prediger sage: „Hör zu, Bruder, Schwester auch: Besser, du bereust jetzt all deine Sünden. Komm zum Glauben, solange du kannst!" Er nehme auch kein Geld dafür, dass er Menschen von ihren Sünden reinwasche und ihnen den Weg ins Gelobte Land weise.

Dylans musikalische Bibelkunde nähert sich dem Ende mit einem der bekanntesten Negro-Spirituals: „Mary, don't you weep", 1959 gesungen vom Gospel-Trio „The Swan Silvertones". Er handelt von einer Begegnung Jesu mit Maria und Marta. Aus Trauer um den Tod ihres Bruders Lazarus warf sich Maria weinend Jesus zu Füßen und klagte: „Herr, wärst du hier gewesen, mein Bruder wäre nicht gestorben" (Johannes 11,32). Auch Marias Schwester

Marta weinte. In dem Lied tröstet Jesus die beiden – die Probleme würden bald behoben werden – und erinnert daran, wie Gott durch ein Wunder das Rote Meer teilte, um die Israeliten zu retten. Was sich heutzutage einigermaßen unspektakulär anhört, hatte zur Zeit der Sklaverei und des Amerikanischen Bürgerkrieges große tröstliche Kraft. Das Lied sei auch auf andere Weise in die Musikgeschichte eingegangen, erzählt Dylan und zitiert eine Zeile: „I'll be your bridge over deep water, if you trust in my name." – „Ich werde dir eine Brücke über das tiefe Wasser sein, wenn du auf meinen Namen vertraust." Diese Worte haben Paul Simon zum Welthit „Bridge over Troubled Water" inspiriert.

Ein Rhythm & Blues-Klassiker beendet die Sendung: The Robins singen „That's What the Good Book Says". In der ersten Strophe fordert Mose den Pharao auf: „Let my people go!" In der zweiten reicht Eva Adam den Apfel und in der dritten führt der Teufel einen Jungen mit einem Gebräu aus „Fett, Schwefel und Wein" in Versuchung – dann „hatten sie eine wirklich verrückte Zeit". So hört es sich an, wenn die Bibel mit Teufelsglauben garniert und auf 3 Minuten 22 eingedampft wird, inklusive himmlisch swingendem Vibraphon-Solo. Der Song ist ganz nach Dylans Geschmack. „Dies ist die Art von Bibelstudium, die man in der Sonntagsschule nicht findet", kommentiert er und bereitet das Ende dieser Folge vor: „Es ist Zeit für mich, goodbye zu sagen und die andere Wange hinzuhalten, das Abernathy-Gebäude zu verlassen und runter auf die Straße, vorbei an der Kirche, zu Sampson's Diner zu gehen. Und in der Zwischenzeit zu essen, zu trinken, fröhlich zu sein und zu vergeben, ‚denn sie wissen nicht, was sie tun'. Wir sehen uns nächste Woche bei der ‚Theme Time Radio Hour'. Amen."

Nach dem stets gleichen Schlusstitel zitiert Dylan noch aus der Bergpredigt: „Remember: Blessed ar the peacemakers" – „Denk daran: Selig sind, die Frieden stiften!" Doch beim frommen Abschluss bleibt es nicht. Dylan überlässt einem Satiriker das letzte Wort; es ist ein Dialog aus irgendeiner Show: „What was that?", fragt ein Mann. Ein anderer antwortet: „I guess it was: ‚Blessed are the cheesemakers" – „Ich glaube, da hat jemand gesagt: Selig sind die Käsemacher." Ja, Dylan nimmt die Bibel ernst – und gönnt seinen Hörerinnen und Hörern gerade deshalb einen Kalauer. Welcher normale Prediger schafft es schon, eine Stunde Bibelkunde mit einem albernen selbstironischen Joke zu beschließen?

Hochprozentig gen Himmel

Die hundert Folgen der „Theme Time Radio Hour" sind Radio für die Ewigkeit und gut nachzuhören. Eine Best-of „Best Of"-Kompilation ist sogar auf CDs erhältlich. Eine allerletzte Folge schob Dylan im Herbst 2020 nach, sie wurde auch vom Berliner „Radio Eins" ausgestrahlt. Zwei Stunden lang philosophiert Dylan in dieser Folge über Whiskey. Jazz-Sängerin Diana Krall eröffnet die Show in hörbar angetrunkenem Zustand, am Ende bestellt sie „mehr Eis bitte", und man sieht sie förmlich mit einem Whiskey in der Hand im Sessel einer New Yorker Bar sitzen.

„Sie könnten sich wundern, was mich nach so langer Zeit zurückbringt", beginnt Dylan die Sendung – und verrät die Antwort, die entwaffnend ehrlich ist. Es ist pure

Werbung in eigener Sache. Er habe einige Whiskey-Distiller kennengelernt und mit ihnen einen eigenen *Tennessee Bourbon* gebraut. Sein Name zielt ins Spirituelle: „Heaven's Door". Mit Worten könne er ihn gar nicht angemessen schmackhaft machen, meint Dylan, man müsse ihn einfach probieren, dann werde er überzeugen.

Die 28 Songs, die er für diese Sendung ausgewählt hat, geben Einblicke in die Sehnsüchte und Erfahrungen der (Whiskey-)Trinker dieser Welt. Willie Nelson träumt vom Bad im „Whiskey River", Timmy Roger versucht, sich die Sorgen wegzutrinken („Good Whiskey and a Bad Woman"), Laura Cantrell empfiehlt: „The Whiskey Makes You Sweeter", und Frank Sinatra ergeht sich nach einer zerbrochenen Liebe in Selbstmitleid: „Drinking again, and thinking of when you loved me". Wer sich unterhaltsam über alle Facetten des Alkoholmissbrauchs informieren lassen möchte, findet in der Radio-Hour reichhaltiges Material. Hatte Dylan in der Bibel-Sendung noch einen Hinweis auf die Anonymen Alkoholiker platziert, hält er sich nun mit Warnungen vorm Trinken zurück. Was man nach dem Leeren einer Flasche tun sollte, fragt er und meint: „Auf keinen Fall Auto fahren oder schwere Maschinen bedienen ... Aber es gibt auch einige Dinge, die du tun kannst, zum Beispiel versuchen, ein Schiff in die Flasche zu kriegen." Sein Lieblingstipp: „den Flaschenhals abschneiden, die Kanten glatt feilen und auf der Gitarre Bottleneck spielen lernen". Die Zeit der Prohibition – des offiziellen Verbotes von Alkohol – habe nichts gebracht, deshalb sei „verantwortliches Trinken" auch seiner eigenen Whiskeymarke angezeigt. Während seiner Sendung verrät Dylan Rezepte für Whiskey-Cocktails und schenkt sich reichlich ein. Natürlich den eigenen Whiskey, für den er die Werbetrommel rührt.

Mit dem himmlischen Namen erinnert der Dylan-Whiskey an seinen Hit „Knockin' On Heaven's Door". Im Gegensatz zur Himmelspforte, an der kein Eintrittsgeld kassiert wird, ist Dylans Whiskey jedoch ziemlich teuer. Die Einsteiger-Version („Double Barrell") kostet 50 Dollar, die teuerste Variante namens „The Bootleg Series", kostbar in Leder verpackt und mit einem Dylan-Gemälde auf dem Etikett, ist für stolze 500 Dollar erhältlich. Destilliert wird er seit 2019 in einer ehemaligen Methodistenkirche, der 160 Jahre alten *Elm-Street-Church* in Nashville.

In Bezug auf Whiskey und die Bibel scheint Bob Dylan einiges mit einem anderen Literaturnobelpreisträger zu verbinden: dem deutschen Schriftsteller Heinrich Böll (1917–1985), der in seinem „Irischen Tagebuch" notierte: „Gut ist es, immer Kerzen, die Bibel und ein wenig Whiskey im Hause zu haben, wie Seeleute, die auf Sturm gefasst sind; denn der Sturm hat viel Atem, der Regen hat viel Wasser, und die Nacht ist lang."

Dylan, der Hobby-Schmied

An den Flaschen fällt eine Besonderheit auf: Um das Glas legen sich seltsame Ornamente, fantasievoll miteinander verbunden: Metallräder, Rohre, Wasserhähne, Werkzeug, ein Vogel. Was hat das zu bedeuten? Die Antwort findet man auf der Website *heavensdoor.com*. Unter dem Menüpunkt „Art" erhält man unerwartete Einblicke in einen Lebensbereich Bob Dylans, der weithin unbekannt ist. Der Musiker und Literaturnobelpreisträger steht im weißen

Arbeitskittel mit Schweißerbrille in einem riesigen Atelier in Kalifornien. Dylan hat ein merkwürdiges Hobby. Er schmiedet aus alten Metallgegenständen, die er auf Bauernhöfen und Schrottplätzen überall in Amerika zusammensammelt, Tore und Skulpturen. Hufeisen und Schraubzwingen, Schaufeln und Zahnräder, Zangen und Schrauben, Gewehre und Ketten – Dylan lässt seiner Fantasie freien Lauf, ergänzt die entstandenen Kunstwerke auch mit aus Blech ausgeschnittenen Bären, Gitarren, Sternen. Die aus all diesen Fundstücken entstehenden Tore werden bereits als Kunstgegenstände gehandelt und wurden schon in der Londoner Halcyon-Gallery präsentiert. Diese eisernen Tore sind es also, die da, passend zum Namen seines Whiskeys, auf den Flaschen abgebildet sind.

Wer sich über das Altershobby Dylans wundert, muss sich zum Verständnis nur an dessen Herkunft erinnern. Dylan wuchs wie gesagt in Minnesota in einem der größten Erzgebiete der USA auf. „Im Erz bin ich geboren worden, Eisen habe ich geatmet", erklärte er einmal. Mit dem Faible für den Werkstoff Eisen kehrt Dylan also zurück an den Ort, an dem alles begann: nach Hibbing, in jene Provinzstadt, in der Robert Allen Zimmerman sich einst der Musik und dem unsteten Künstlerleben verschrieben hatte.

Aber warum sind es ausgerechnet Tore, die er da schmiedet? Ihm gefalle auch der leere Raum, der sich zwischen den Eisenornamenten ergebe, erklärt Dylan: „Tore können einen ein- und aussperren, manchmal ist das kein Unterschied." Was bedeutet dieser Gedanke wohl auf die Himmelspforte, die „Heaven's Door", übertragen?

Epilog

München, 18. Juni 2020: Auf meinem Schreibtisch liegt das neue Album von Bob Dylan. „Rough and Rowdy Ways“ heißt es, „Raue und laute Wege“. Auf dem Cover ein tanzendes Paar, es sieht aus wie aus den 50er-Jahren; daneben ein junger Mann, den das Feiern nicht interessiert, der lieber Zeitung liest, nur sein Rücken ist zu sehen. Zehn neue Dylan-Songs enthält das Album. Und ganz untypisch: Es gibt keine Buh-Rufe, nirgends im Blätterwald. Das hat nichts mit Rücksicht auf den 79-jährigen Künstler zu tun. Musikzeitschriften, Fans und Feuilletons überschlagen sich mit Lob: Dieses Album sei ein Meisterwerk.

Tatsächlich. Dylan greift tief in seine diversen Schatzkisten – holt Zitate aus Musik und Literatur heraus, vermischt sie mit seinen Lebenserfahrungen und Visionen, mit seinem Glauben und seinem Zweifel. Das Album spiegelt auch eine Altersspiritualität wider, die keine Abgrenzung braucht, in der sich vielmehr das tiefe Wissen um eine höhere Macht ausdrückt. „I Contain Multitudes" – „In mir leben Viele", heißt ein Song vielsagend. Wer das ganze Album hört, merkt: Auch in religiöser Hinsicht sind Dylan viele unterschiedliche Wege vertraut, Gott zu suchen.

Sogar ein Griff in die Kiste der griechischen Mythologie ist enthalten. Er bittet die „Mutter der Musen", sie möge für ihn singen. Damit meint er offensichtlich Mnemosyne, sie gilt als „Mutter" der neun Musen, die als Schutzgöttinnen der Kunst angesehen werden und Künstler in ihrem Schaffen inspirieren sollen. Mnemosyne selbst ist die Göttin der Erinnerung. Wünscht sich Dylan, sie möge ihm alles aus seiner Vergangenheit ins Bewusstsein rufen, was ihm wichtig war, wenn er mit ihr in Kontakt tritt? Die Kraft der Erinnerung, so scheint er zu hoffen, könnte ihn auch von seinen Sünden befreien. Und am Ende würde er zu ihr heimkehren: „Ich reise mit leichtem Gepäck und komme langsam nach Hause."

Auf seinem Album packt er zahlreiche seiner Erinnerungen aus: an jene Menschen, die ihn auf seinem Lebensweg begleitet haben. Namentlich nennt er viele Musikerinnen und Musiker, von Jimmy Rodgers über Elvis Presley bis zu den Eagles; Persönlichkeiten der amerikanischen Geschichte: John F. Kennedy, Martin Luther King. Und Geistesgrößen wie Karl Marx und Sigmund Freud, Schriftsteller wie Jack Kerouac und Allen Ginsberg.

Wer dieses Musen-Loblied für Dylans Weisheit letzten Schluss hält, denkt jedoch zu kurz, denn zu den Schätzen in Dylans Leben gehört auch die „old time religion". Sie sei das Einzige, was er brauche, singt er im Song „Goodbye Jimmy Reed", mit dem er den amerikanischen Blues-

Gitarristen und Mundharmonikaspieler würdigt. „Schlag auf die Bibel, verkünde das Glaubensbekenntnis", fügt er hinzu und zitiert den Lobpreis, der das Vaterunser beschließt: „Denn dein ist das Reich und die Kraft und die Herrlichkeit."

Der Rubikon, ein Fluss in Italien, ist durch Julius Cäsar geschichtsträchtig geworden, als der ihn mit seinen Truppen im Jahr 49 v. Chr. überquerte und gen Rom zog. In der Folgezeit ist die Formulierung „den Rubikon überschreiten" zu einer Metapher dafür geworden, dass sich jemand unwiderruflich auf eine riskante Handlung einlässt. Dylan singt in „Crossing the Rubikon" von jenen verlorenen Zeiten seines Lebens, die er „untätig" verbracht habe; dann erwähnt er den „Heiligen Geist" und das „Licht, das die Freiheit gibt" und das „für jeden erreichbar" sei. Was mag ihm beim Dichten der letzten Strophe durch den Kopf gegangen sein: „Der tödliche Frost liegt am Boden und die Herbstblätter sind verschwunden. Ich zündete die Fackel an und schaute nach Osten und überquerte den Rubikon"? Meint er mit dem Überschreiten des Rubikons die Schwelle seines eigenen Todes?

Vielleicht verbietet er sich, so weit zu denken. „Es ist Gott allein, der dir Freiheit schenkt, und die Tage, um die man sich am meisten kümmern sollte, heißen Heute und Morgen", hatte er schon 1990 einem Journalisten erklärt. 1997, nach einer schweren Herzbeutelentzündung, hatte er zugegeben, angesichts der Krankheit „sehr ernst nachzudenken".

Und nun entführt er seine Hörerinnen und Hörer mit dem wundervoll entspannt klingenden Lied „I've Made Up My Mind to Give Myself to You" auf seine Terrasse, wo er unter dem Sternenhimmel sitzt und bei „den Klängen trauriger Gitarren" über alles wieder und wieder nachdenkt. Während er mit alter weicher Stimme sentimental sinniert, summt im Hintergrund ein Chor die Melodie der „Barcarole" aus der Oper „Hoffmanns Erzählungen" von Jacques Offenbach. Dylans Fazit am Ende fast aller Strophen: „I've made up my mind to give myself to you" – „Ich habe mich entschlossen, mich dir hinzugeben." „Wenn ich die Flügel einer schneeweißen Taube hätte, würde ich das Evangelium predigen, das Evangelium der Liebe", sinniert er. Beim Blick zurück bekennt er, dass er „den langen Weg der Verzweiflung gegangen" sei, und erzählt, wie sehr er darunter leide, dass viele Menschen, die er kannte, bereits gestorben sind. „Ich hoffe, dass die Götter es mir leicht machen", singt Dylan und beteuert, bereit zu sein für den Tod. „Ich habe mich entschlossen, mich dir hinzugeben." Wem? Das lässt sich nur vermuten: „Bring mich auf Reisen, du bist ein reisender Mann", heißt es in der sechsten Strophe, „zeige mir etwas, das ich verstehen werde. Ich bin nicht das, was ich war, die Dinge sind nicht das, was sie waren. Ich werde mit ihr weit weg von zu Hause gehen". Der reisende Mann: gut möglich, dass er Jesus meint, den er früher schon als Reisenden beschrieben hat. Am Ende sagt er diesem Mann: „Wir sehen uns bei Sonnenaufgang – wir sehen uns im Morgengrauen. Ich werde mich neben dich legen, wenn alle weg sind." Ein eigentümliches Bild der Nähe beim „Sonnenaufgang": Blickt Dylan, der so facettenreich den Frieden besungen hat, voraus auf den „Shalom", den großen Frieden am Ende unserer Reise?

Ob diese Interpretation stimmt? Dylan ist weise genug, viele Deutungen zuzulassen. Es ist nicht nur eine Selbstbeschreibung, sondern vielleicht auch eine Botschaft an seine Hörerinnen und Hörer: Sucht Gott auf euren eigenen Wegen. Lebt eigensinnig: Bleibt euch *darin* treu, dass ihr an euren Fragen dranbleibt – durch alle Veränderungen hindurch. Und fühlt euch entlastet: Ihr müsst euch nicht festlegen lassen – erst recht nicht, wenn es um so wesentliche Fragen wie den Glauben geht.

So gesehen und gehört, erhält auch der von Dylan besonders herausgehobene Song „I Contain Multitudes" eine tröstliche und lebenskluge Botschaft. Er entlastet von der Erfüllung des schönen, aber schwer zu verwirklichenden Wunsches, am Ende des Lebens romantisch auf eine stets zielgerichtete Lebensreise und eine allzeit authentische Lebensweise zurückzublicken. Dylan formuliert – bisweilen mit wachrüttelnder Unbekümmertheit – eine tiefe, selten ausgesprochene Lebensweisheit: In jedem Menschen schlummern viele Seiten, die ihr Recht einfordern. Manche scheinen so gegensätzlich, dass sie gedanklich und emotional kaum zusammenzubringen sind. Eine Lebenskunst ist es, sie miteinander zu versöhnen. Bob Dylans Lieder und sein bewegtes Leben zeigen: Bei dieser Aufgabe hilft dreierlei. Erstens die Musik. Zweitens ein Griff in die Erfahrungsschatzkiste der biblischen Spiritualität. Und schließlich der Glaube an einen gnädigen Gott.

Wir sehen uns bei Sonnenaufgang.

KOBRA

The times they are a-changin'

Fotos:
S. 178/179: Konzert in Shanghai, 8.4.2011
S. 180/181: Wandbild des brasilianischen Street-Art-Künstlers Eduardo Kobra in Minneapolis (2015)

Anhang

ZEITTAFEL

1941	24. Mai. Robert Allen Zimmerman wird in Duluth/Minnesota (USA) geboren.
1947	Umzug nach Hibbing
1951	Er beginnt Gitarre zu spielen und zu singen.
1959	Musik-Studium an der Universität Minnesota
1960	Entscheidung, Musiker zu werden
1961	Umzug nach New York ins Szene-Viertel Greenwich Village Erste Auftritte in Clubs. Studio-Aufnahme mit Harry Belafonte. Erster Plattenvertrag. Beziehung zu Suze Rotolo. Erster Auftritt beim Newport Festival
1962	Erstes Album: „Bob Dylan“
1963	Tournee mit Joan Baez. Auftritt auf dem Newport Festival 28. August: Auftritt bei Abschlusskundgebung des Civil March in Washington, bei der Martin Luther King seine Rede „I have A Dream“ hielt

1965	Auftritt beim Newport Festival mit E-Gitarre und Band
	Heirat mit Sara Lowndes
	Umzug nach Woodstock
1966	29.7. Motorradunfall Rückzug; aus Öffentlichkeit
1967	Tochter Anne Lea geboren
1968	Tod des Vaters
1969	Sohn Jakob Luke wird geboren.
1974	Comeback-Tournee. Dylan beginnt zu malen.
1975/76	Start „Rolling Thunder Revue"
1977	Scheidung von Sara
1978	Welttournee – auch in Deutschland (Nürnberg, Berlin, Dortmund)
	Burn-Out; Beginn der „Gospel-Jahre" (bis 1981)
1979	Erster Grammy für „Gotta Serve Somebody" (Sparte: Gesang)
1985	Tiefpunkt der Karriere; Alkoholproblem
1986	Heirat mit Carolyn Dennis. Geburt der Tochter Desiree
1987	Konzert in Ostberlin
1988	Band „Traveling Wilburys"; Beginn der „Never Ending Tour"
	Aufnahme in die „Rock and Roll Hall of Fame"
1991	Grammy fürs Lebenswerk
1992	Scheidung von Carolyn Dennis
1994	Veröffentlichung Zeichnungen „Drawn Blank"
2000	Mutter Beatty stirbt.
2006	(bis 2009) Theme Time Radio Hour
	Album Modern Times auf Platz 1
2007	Ausstellung der „Drawn Blank Series" bei den Kunstsammlungen Chemnitz

2013 Ausstellung selbstgeschweißte Gartentore in London
2016 Verkauf seines Archivs an die Universität von Tulsa
2018 Einführung der Whiskey-Marke „Heaven's Door"
2019 Vorerst letztes Konzert (Washington)
2020 Verkauf seiner Verlagsrechte an die Universal Music Group. Absage geplanter Tourneen in den USA und Japan wegen der Corona-Pandemie

PREISE UND EHRUNGEN

Insgesamt elf Grammys (1972-2006; 28 Nominierungen);
Oscar und Golden Globe (USA 2001);
Pulitzer Sonderpreis (USA 2008);
Orden der Ehrenlegion (F 2013);
„National Medal Of Arts" (USA, 2009);
„Presidential Medal of Freedom" (USA 2012);
Nobelpreis für Literatur (Schweden, 2016).

Ehrendoktortitel:
Universität Princeton/USA (1970)
St Andrews University/Schottland (2004)

VERÖFFENTLICHUNGEN VON BOB DYLAN

Studio-Alben

Bob Dylan (1962) / *The Freewheelin' Bob Dylan* (1963) / *The Times They Are a-Changin'* (1964) / *Another Side of Bob Dylan* (1964) / *Bringing It All Back Home* (1965) / *Highway 61 Revisited* (1965) / *Blonde on Blonde* (1966) / *John Wesley Harding* (1967) / *Nashville Skyline* (1969) / *Self Portrait* (1970) / *New Morning* (1970) / *Pat Garrett & Billy the Kid* (1973) / *Dylan – A Fool Such as I* (1973) / *Planet Waves* (1974) / *Blood on the Tracks* (1975) / The Basement Tapes (1975) / *Desire* (1976) / *Street Legal* (1978) / *Slow Train Coming* (1979) / *Saved* (1980) / *Shot of Love* (1981) / *Infidels* (1983) / *Empire Burlesque* (1985) / *Knocked Out Loaded* (1986) / *Down in the Groove* (1988) / *Oh Mercy* (1989) / *Under the Red Sky* (1990) / *Good As I Been to You* (1992) / *World Gone Wrong* (1993) / *Time Out of Mind* (1997) / *"Love and Theft"* (2001) / *Modern Times* (2006) / *Together Through Life* (2009) / *Christmas in the Heart* (2009) / *Tempest* (2012) / *Shadows in the Night* (2015) / *Fallen Angels* (2016) / *Triplicate* (2017) / *Rough and Rowdy Ways* (2020)

Außerdem diverse **Live-Alben**, u. a. *Before the Flood* (1974, mit The Band), *At Budokan* (1978) und *MTV Unplugged* (1995)
… und 15 **CDs der „Bootleg-Series"** (1991 bis 2015), auf denen Archivmaterial und Konzertmitschnitte veröffentlicht wurden.

Bücher

- Chronicles. Volume one, Hamburg 3. Aufl. 2016
- Die Nobelpreis-Vorlesung, Hamburg 2017
- Lyrics 1962-2012. Übersetzung Gisbert Heafs, Hamburg 2016
- Planetenwellen. Gedichte und Prosa, Hamburg 2017
- Tarantel, Frankfurt/Main 1976
- Texte und Zeichnungen Frankfurt (Main) 1975
- *The Drawn Blank Series.* Aquarelle und Gouachen, München 2007

LITERATUR ZU BOB DYLAN

Balassone, Damian: Dylan and the Bible 1962–2020. A Compendium of Biblical References in the Songs of Bob Dylan, https://damianbalassone.files.wordpress.com/2020/03/dylan-and-the-bible-1962-2020.pdf
Bob Dylan. Bilder eines Lebens – die frühen Jahre. Text von Rainer Bratfisch, Berlin 2011
Bream, Jon: Dylan Disc by Disc, Zürich 2017
Detering, Heinrich: Bob Dylan. Stuttgart 2. Aufl. 2007
Ders.: Die Stimmen aus der Unterwelt. Bob Dylans Mysterienspiele, München 2016
Endepols, Michael: Bob Dylan von A bis Z, Stuttgart 2011
Gilmour, Michael J.: The Gospel according to Bob Dylan.
The Old, Old Story for Modern Times, Louisville (USA) 2019

Graf, Christoph: America – Oder der Tag an dem Bob Dylan durch Saarbrücken fuhr, Oldenburg, 2012

Ders.: Bob Dylan und das Christentum, Blogeintrag http://blog.leonardcohen.de/?p=13099

Ders.: Man On The Road – The Neverending Tour 1988–1999, Luxembourg, 2. Aufl. 2000

Ders.: End Of The Road – The Neverending Tour 1988–2019, Saarbrücken, 2021

Greil, Marcus: Über Bob Dylan. Schriften 1968–2010, Hamburg 2016

Haus kirchlicher Dienste der Ev.-luth. Landeskirche Hannovers (Hg.): Der Popkünstler BOB DYLAN. Fünf Beiträge anlässlich seines 75. Geburtstags, *Hannover 2016*

Heylin, Clinton: Dylan. Gospel. Die rauen Töne der wahren Geschichte, Basel 2019

Honneth, Axel u. a. (Hg.): Bob Dylan. Ein Kongress. Ergebnisse des internationalen Bob-Dylan-Kongresses 2006 in Frankfurt am Main, Frankfurt/Main 2007

Kemp, Louie mit Friedman, Kinky: Dylan & Ich: 50 Jahre Abenteuer, Los Angeles 2019

Maoz, Daniel: Shekinah as a Woman. Kabbalistic References in Dylan's Infidels, in: *Gilmour, Michael J.:* Call me the Seeker. Listening to Religion in Popular Music, New York/London 2005

Margotin, Philippe/Guesdon, Jean-Michel: Bob Dylan – Alle Songs. Die Geschichten hinter den Tracks, Bielefeld 2015 (?)

Marshall, Scott M.: Bob Dylan. A Spiritual Life, Washington 2017

Mössinger, Ingrid/Ette, Wolfram (Hg.): Bob Dylan. 5 Songs. Vorträge zur Ausstellung Bob Dylan. The Drawn Blank

Series in den Kunstsammlungen Chemnitz, Bielefeld/ Leipzig 2009
Niedecken, Wolfgang: Wolfgang Niedecken über Bob Dylan, Köln 2021
Scaduto, Anthony: Bob Dylan. Die Biografie, Frankfurt/ Main 1976
Wenzel, Knut: HoboPilgrim. Bob Dylans Reise durch die Nacht, Ostfildern 2011
Williams, Christian (Hg.): Bob Dylan in eigenen Worten, Heidelberg 2011
Winkler, Willi: Bob Dylan. Ein Leben. Reinbek/Hamburg 2011

FILME

Dont Look Back. Dokumentarfilm über Dylans Großbritannien-Tournee im Jahr 1965.
Regie: D. A. Pennebaker (USA 1967)
I'm Not There. Spielfilm mit Szenen aus Dylans Leben, mit Richard Gere, Cate Blanchett u.a. (2006)
No Direction Home – Bob Dylan. Porträt von Martin Scorsese (USA 2005)
Pat Garrett and Billy the Kid. Western mit James Coburn, Kris Kristofferson, Bob Dylan. Soundtrack: Bob Dylan.
Regie: Sam Peckinpah (USA 1973)
Rolling Thunder Revue. Dokumentarfilm von Martin Scorsese (USA 2019)
The Other Side Of The Mirror. Drei Konzerte vom Newport Festival 1963 bis 1965. Dokumentarfilm von Murray Lerner (2007)

LINKS

Offizielle Website von Bob Dylan
Alle Songtexte und Alben, News
www.bobdylan.com

Theme Time Radio Hour Archive
Alle Sendungen zum Hören, alle Songs
www.themetimeradio.com

The Bob Dylan Project
Links zu unterschiedlichen Song-Versionen
https://thebobdylanproject.com

Untold Dylan
Unsäglich viele Infos und Hintergrundinfos
www.bob-dylan.org.uk

Expecting Rain
Viele Links zu Bob-Dylan-Websites und -Blogs mit „Who Is Who" in Dylans Leben
www.expectingrain.com

The Bob Dylan Fanclub
Fansite mit vielen Foren
www.thebobdylanfanclub.com

Dylan Radio
Web-Radio mit Dylan-Songs
www.dylanradio.com

ISIS
Website des 1985 gegründeten Bob-Dylan-Fan-Magazins
www.bobdylanisis.com

BILDNACHWEIS

S. 9 links: Programmheft;
rechts: Chris Hakkens/wikimedia/cc-by-sa-2.0
S. 33 Pressefoto zu „The Original Mono Recordings" (2010)/Sony Music
S. 40 oben: Hank Parker/Sony Music
S. 40 unten: Elliot Landy/Sony Music
S. 41 Elliot Landy/Sony Music
S. 42 Sony Music
S. 49 wikimedia/Rowland Scherman – U.S. National Archives and Records Administration
S. 69 Pressefoto „The Rolling Thunder Revue", Ken Regan/Sony Music
S. 92 Don Hunstein/Sony Music
S. 92 unten: Christof Graf
S. 93 Don Hunstein/Sony Music
S. 94 Matthias Surall
S. 139 renaschild/depositphotos.com
S. 177 Pressefoto zu „Christmas In The Heart" (2009), William Claxton/Sony Music
S. 178/179 ChinaImages/depositphotos.com
S. 180/181 Chris Sloan/flickr.com/ cc-by-sa-2.0